AF533733

Ирина Хакамада

РЕСТАРТ

Как прожить много жизней

2-е издание, дополненное

Москва
2023

УДК 159.923.5
ББК 88.3:87.524.81
Х16

Редактор Наталья Нарциссова

Хакамада И.

Х16 Рестарт: Как прожить много жизней (Новая обложка) / Ирина Хакамада. — 2-е изд., доп. — М. : Альпина Паблишер, 2023. — 189 с.

ISBN 978-5-9614-3837-6

В 2020 году весь мир пережил невероятный опыт. Пандемия перевернула нашу жизнь. Многие лишились привычной почвы под ногами, тысячи людей потеряли работу, бизнес. Пришло время внутренне меняться, учиться трансформироваться. Ведь сейчас нужно быть гибкими и максимально повышать свои компетенции.

Именно поэтому инструменты, которые предлагает Ирина Хакамада, обретают еще больший смысл и актуальность. Опираясь на свой опыт и знания, автор рассказывает, как развить универсальные компетенции — интуицию, эмоциональный интеллект, лайфхакинг, умение перезагружаться, — и использовать принцип наблюдения, чтобы узнавать себя по-новому, через искусство и общение с другими.

Цель этой книги — помочь вам очистить сознание от прошлого, негативного опыта, включить интуицию на максимум и настроиться на крутые, кардинальные, смелые перемены. Ведь каждый из нас может прожить много захватывающих жизней, нужно только решиться.

УДК 159.923.5
ББК 88.3:87.524.81

Все права защищены. Никакая часть этой книги не может быть воспроизведена в какой бы то ни было форме и какими бы то ни было средствами, включая размещение в интернете и в корпоративных сетях, а также запись в память ЭВМ для частного или публичного использования, без письменного разрешения владельца авторских прав. По вопросу организации доступа к электронной библиотеке издательства обращайтесь по адресу mylib@alpina.ru.

ISBN 978-5-9614-3837-6

© Хакамада И.М., 2018
© ООО «Альпина Паблишер», 2023

Содержание

Предисловие

В 2020 году весь мир пережил невероятный опыт. Пандемия перевернула нашу жизнь. Многие лишились привычной почвы под ногами, тысячи людей потеряли работу, бизнес. Да, нам в России не привыкать к кризисам. Но на этот раз всем пришлось еще закрыться дома и остаться наедине с собой и своими близкими в замкнутом пространстве. Вот это был настоящий челлендж!

«Мы никогда уже не будем прежними» — эту фразу мы слышим отовсюду. Да, многие перешли в онлайн. Все пытаются подстраиваться под новые реалии. Но, друзья, цифровая экономика не может существовать без «живых» денег, которые люди приносят из традиционных отраслей. Поэтому все вернется на круги своя. А вот мышление наше изменится. Мир показал нам, что пора внутренне меняться, учиться трансформироваться. Именно сейчас нужно быть гибкими и максимально повышать свои компетенции.

Кризисы существуют для того, чтобы мы могли набраться новых идей, открыть в себе новые способности и интуицию, научиться мыслить нестандартно. Самый главный позитивный результат любого кризиса — это шанс подняться на более высокий уровень. Все испытания, которые нам посылаются, преследуют одну цель — проверить себя: сможешь ли ты стать еще лучше или ты просто духовно сдохнешь.

Самоизоляция стала прекрасной возможностью задуматься о грандиозных вещах. Это такой кайф! Можно было поставить перед своим разумом самые сложные задачи и углубиться в них. Это была большая пауза, необходимая чтобы осознать, что человек может на самом деле. В обычные времена люди тратят большие деньги на то, чтобы сделать такую паузу, — эта практика называется «ретриты». А тут можно было тренировать свои мозги так активно, что времени не хватало больше ни на что.

Теперь, в этот период неопределенности и возрождения из пепла, нам всем придется стать мыслителями. А это не просто. Мы забыли, как это делать. Мы привыкли к скоростному просматриванию ленты в интернете. Теперь же нужно научиться МЫСЛИТЬ.

Сейчас вокруг много негатива. Отовсюду приходят страшные новости. Мир еще долго не сможет оправиться после пережитого. Необходимо попытаться разобраться в себе, выявить источник негативных мыслей, понять, что он находится не вовне, а внутри вас. Осознать обстоятельства и поводы, а потом начать работать с первопричиной, все эти поводы проживая. Такой вот психоанализ наедине с собой. И инструменты для него я даю в своей книге. Это приведет к сбалансированному мышлению, где и негатив, и позитив будут сосуществовать, не разрушая вашу личность. Вы должны осознать, для чего на вашу долю выпал этот период, что вы можете из него извлечь. Сейчас нужно стать для себя глубоким наблюдателем. Представлять себя в определенной ситуации и начинать ее анализировать. Это единственный подход в решении проблем в период длинной турбулентности, в период хаоса, в котором мы живем. Нужно прокачать свои компетенции — интуицию, эмоциональный интеллект, лайфхакинг, умение перезагружаться, узнавать себя по-новому, через искусство и общение с интересными людьми и везде использовать принцип НАБЛЮДЕНИЯ.

Когда-то один художник сказал: «Мир изменится, когда основным критерием успешности людей будет наличие свободного времени. Когда люди перестанут бояться своего свободного времени и им будет очень интересно наедине с собой. Этот новый тренд изменит все». И вот такое время как раз пришло!

Введение
(обязательно к прочтению)

Эта книга — продолжение трех предыдущих: «Успех в большом городе»[1], «Дао жизни»[2], «В предвкушении себя»[3]. Я выдаю книги нечасто, где-то раз в три-четыре года. Дело в том, что каждая из них связана для меня с определенным этапом становления при встрече с вызовами судьбы и открытия новых личностных возможностей.

Что-то происходит, появляются новые знания и опыт. Они осмысливаются в диалоге с миром, и после этого накопленным потенциалом можно делиться. Цель одна — помочь **ищущему** себя обрести баланс, двигаясь в хаотичном пространстве и времени. Попробую уточнить, опираясь на авторитеты. Известный психолог, профессор Гарвардского университета Тимоти Лири, провел анализ формирования сознания человека. Мы всегда стремимся к вершине. С этим стремлением «связаны четыре

---

1 Хакамада И. Success [успех] в Большом городе. — М.: АСТ, 2008.

2 Хакамада И. Дао жизни. — М.: Альпина Паблишер, 2017.

3 Хакамада И. В предвкушении себя. — М.: Альпина Паблишер, 2017.

уровня свободы… и четыре уровня социального слияния индивидуумов современного… общества» («История будущего»[4]):

1) биологическая свобода (выживание биологического вида, здоровье, доступ к источникам жизнеобеспечения);

2) территориальная свобода (защита жизненного пространства);

3) технологическая свобода (владение продуктами человеческой деятельности и их использование);

4) культурная свобода («свобода выбирать стиль жизни и социосексуальную роль»).

Эти четыре уровня свободы определяют материальное существование первой, низшей ступени личностного развития.

На более высоких уровнях, по Лири, существуют еще четыре уровня свободы:

- соматическая — свобода управлять ощущениями своего тела;
- нейрофизическая — свобода расширять, ускорять и контролировать собственную нервную систему;
- генетическая;
- энергетическая.

---

4 Лири Т. История будущего. — М.: Янус, 2001.

Последние две пока что, скорее, научная фантастика на грани с эзотерикой. А вот первые две, соматическая и нейрофизическая свободы, вполне актуальны и становятся важной жизненной мотивацией для продвинутого населения, особенно поколения Z.

С момента издания моей книги «В предвкушении себя» прошло около шести лет. Шесть лет рецессии в России, усиления мирового хаоса, технологических прорывов, выхода во взрослую жизнь информационно-цифрового поколения. Все перечисленное я как-то приняла и поплыла, проходя водовороты, не наталкиваясь на рифы — в том числе за счет открытия новых уровней свободы, не связанных с материей выживания социума. Книга — об этом опыте.

Все ее главы связаны друг с другом. Лучше читать их в первый раз последовательно, не выдергивая отдельные куски текста. Метод изложения прост: история вопроса, мой опыт, инструменты достижения результата. Инструменты (!), а не модели поведения. Вы все неповторимы, и ситуации ваши тоже неповторимы. Но овладев инструментами

- интуиции;
- рестарта и перезагрузки;
- эмоционального регулирования;
- управления своим «Я» в сообществе,

вы создадите **частные модели** на каждый момент изменчивой ситуации. Подобный метод сложнее в освоении, чем простое копирование чужого опыта, зато он результативен, гибок, органичен вашей натуре и, что главное, порождает

самоподкрепляющийся эффект поведения в соответствии с качеством изменений окружающей среды. Боже мой, какое длинное предложение…

Не пропускайте (особенно — мужчины!) короткие художественные отступления автора. Они дают возможность отдохнуть от довольно сложного текста и приучают получать информацию в образной форме.

Итак, эта книга поможет стать более устойчивым в неустойчивом мире.

Мы живем в условиях постоянного усложнения технологий, и сейчас прогресс идет по экспоненте. Этот экспоненциальный рост наметился с XIX века, когда скорость нововведений возросла по сравнению с равномерным небольшим приростом, происходившим в предыдущие столетия. В наше время она достигла таких величин, что близка к технологической сингулярности, после которой все события станут уже абсолютно непредсказуемыми. Например, Uber — одна из самых быстрорастущих компаний, использующих новые формы предоставления таксиуслуг. Это относительно молодая компания. Но уже сейчас ее эксперты ломают головы над тем, что они будут делать через 10–15 лет, когда дороги займут машины без водителя. Простой подсчет количества предстоящих увольнений показывает миллиарды долларов расходов на выходные пособия. Компания умрет.

А вот другой пример — из настоящего. Человек, пытаясь воспользоваться всеми достижениями IT-технологий, стремится заработать деньги в социальных сетях, на криптовалютах, модернизируя управление в своих компаниях, и сталкивается с невозможностью прогнозировать успехи и доход даже на год, не говоря уж о долгосрочных планах. Скрытые процессы экспоненциального роста и сингулярности проявляются то в неожиданных взлетах, то в провалах. Например, у вас вроде бы стабильно растет количество клиентов — потребителей ваших услуг. Вы решили ускорить рост и вложили кучу денег в традиционную рекламу в расчете на сверхприбыль, но получилось наоборот: клиенты стали уходить. Или обратный случай: вы сделали что-то случайно, например, перепутали ценник на услугу и приписали лишний ноль, а получили ажиотажные продажи.

От непредсказуемости будущего и от того, что проверенные методы работают вхолостую, у вас сдают нервы, вы начинаете суетиться и делаете неверные шаги. Стремясь к высотам, с каждым неверным шагом все глубже роете себе яму. Таков закон диалектики. Человечество, стремясь упростить себе жизнь, усложняет ее еще больше. Древние философы предсказывали подобные явления, а современные ученые облекли экспоненциальный рост и сингулярность в графики и формулы. И если знание этих формул помогает в зарабатывании денег, то в формировании своего думающего по-новому «тела», то есть всего организма, включая и физику, и сознание, и подсознание, ничто не поможет. Чтобы самостоятельно формировать проект жизненного успеха и подбирать правильную команду для семьи и работы, необходимо быть частью этого сложного турбулентного мира. Не страдать, стоя в стороне от большого тренда, а стать им: жить, чувствовать его, смотреть его глазами, оставаясь самим собой. Недаром столь популярны Экхарт Толле и Садхгуру (у обоих я была на лекциях). Толле — писатель и духовный учитель. Садхгуру — индийский йогин и философ. Оба, один — опираясь в большей степени на психиатрию и буддизм, другой — на медитативные практики, пытаются простыми словами донести до человека сложные законы его взаимодействия с внешним миром. Например,

Толле рекомендует, когда вы нервничаете в машине, застряв в пробке, включить высшее «Я» и сосредоточиться на процессе езды, забыв о цели поездки. Это принцип буддизма: «я есть только здесь и сейчас, нет прошлого и будущего». Садхгуру советует вовсе отречься от предрассудков общества. Чтобы развить личность и понять суть мира, надо стать «нелепым», типа танцующего Шивы. Поэтому он предлагает залу танцевать. Почему залы у обоих ораторов переполнены? Потому что люди чувствуют усложнение мира и начинают понимать необходимость качественного рывка в развитии своего интеллекта. Сложный человек не боится перемен, он сам переменчив и готов ко всему новому, скорее чувствуя, чем просчитывая, свежие тренды. Сложный человек счастлив в постоянном развитии, а не в параноидальном стремлении укрепить стабильность вокруг себя.

Я не хочу никого пугать, но все продвинутое информационное пространство переполнено прогнозами будущих грандиозных взрывов. Эксперты сходятся во мнении, что минимум через 7–8, максимум через 30–35 лет мир столкнется с проблемой качественной занятости. Индустриальная эпоха ставила своей целью накормить население. Весь развитой мир I и II уровней решил эту проблему и увлеченно занялся насыщением растущих потребностей все более разнообразными услугами и товарами. Рынок в погоне за прибылью и снижением издержек заглатывал новые технологии.

Информационные технологии на базе компьютерной обработки больших данных сначала незаметно, а затем все стремительнее стали массово заменять не только людей, занимающихся физическим трудом, что происходило с XIX века, но и работников умственного труда. Последовательное ускорение технического прогресса с середины XIX века в XXI веке привело к экспоненциальному росту, а значит, непредсказуемости последствий. Мы живем в технологической революции, которая, как и все революции, несет не только обновление, но и ряд разрушений. Во всех странах, включая Россию, грядет сингулярный взрыв[5]. Почему? Потому что экономика не сможет накормить всех людей смыслом жизни, то есть духовностью. На духовный голод будет обречено огромное количество людей с хорошим образованием и навыками. Корпоративные юристы, бухгалтеры, проектировщики архитектурных сооружений, программисты, маркетологи, аналитики, водители и множество других профессий **со средними** компетенциями **объективно**, а не в силу политики правительств, начнут исчезать. Их заменит искусственный интеллект. Их заменит программа, способная значительно быстрее, чем человек, осуществлять перебор вариантов.

Духовный голод — это дефицит возможностей самореализации и зарабатывания денег. Человек всегда задается вопросом о смысле жизни и находит утешение в создании чего-то нужного людям. Оплата труда означает, что общество признало ваш профессионализм в создании того, в чем люди нуждаются. Самореализация держит на плаву при любых передрягах, в том числе и в личной жизни. И что нас ждет в будущем? Самореализация станет возможна только для тех, кого компьютер заменить не способен. Человеческий мозг при определенных навыках работает не только в категориях «да/нет», но и в категории возможного. Инвалид без ног опровергает медицинский прогноз и катается на лыжах. Стивен Джобс, человек, так и не получивший высшего образования,

---

[5] Сингулярность — высшая точка неопределенности.

меняет мир. Не имеющая никакой поддержки брошенная мама с четырьмя детьми делает карьеру, зарабатывает деньги и еще дважды выходит замуж, при этом от первого мужа уходит сама (и это тоже реальный случай). Адвокат вытаскивает из тюрьмы несправедливо осужденного при наличии улик против клиента, полководцы выигрывают битвы с войском в разы меньше, чем у врага. Все эти случаи не подвластны холодному перебору вариантов. Это сложные случаи, и в них побеждает **сложный человек**.

Только такие представители рода человеческого станут будущей интеллектуальной правящей элитой — не в смысле чиновниками, а в смысле не испытывающими духовного голода, самореализовавшимися. И хотя я описываю картины будущего, настоящее тоже уже стало другим. Оно меняет ориентиры и требования к качеству человеческого ресурса. Даже такое личное понятие, как счастье, становится все более сложным в ощущениях. И нам необходимо меняться здесь и сейчас. Для тех, кто готов отбросить прежний опыт и страх и ринуться в новый мир возможностей, эта книга.

В каждом из нас заложено больше, чем мы думаем, слушая бубнеж честолюбивого, но не уверенного в себе бытового «Я». Попробуем все изменить в быстро меняющемся мире.

Ну что? Поехали…

Глава 1

Интуиция

Метод поиска решений или способ познания мира?

Как-то один знакомый о чем-то поспорил с моим мужем. Последний привел в пример меня, тогда еще действующего политика. Приятель в сердцах бросил что-то вроде:

— Вот только этого не надо! Ирина вообще не политик!

Муж офигел:

— ???

Ответ был неожиданным:

— Да она все делает на ощущениях, плюя на правила. Интуитивное животное.

Я вначале не поняла, то ли обидеться, то ли попытаться переубедить. Но решила не спешить. И подумать. И думаю до сих пор. Что-то в этом есть. Ведь ни вход в большую политику, ни жесткий выход из нее логически никак не встраивались в мою жизнь. Тогда как же все — или почти все — получилось? Не вышло только то, что от меня не зависело вовсе.

После ухода из политики интуитивный подход, по счастью, победил окончательно. По счастью, несмотря на то, что чем дальше, тем круче становились вызовы. И теперь, после десяти лет успешного свободного плавания, накопленным опытом можно и поделиться. Итак, делюсь. Для разминки, навскидку:

1. Развиваюсь я, и развивается профессиональная интуиция.
2. Интуиция не всегда спасает, 100%-ного попадания не бывает. На 100% верен только один прогноз — наше тело смертно.
3. Интуиция проявляется по-разному.
4. Мне она была присуща не всегда.
5. Потребность в интуиции сильно зависит от вида деятельности.
6. Интуиция невероятно эффективно экономит время и силы.
7. Интуицию убивает избыток информации.

А теперь подробнее.

Интуиция — что это такое

1990-е. Надоело зарабатывать деньги на рынке купли-продажи товаров. И вообще все надоело. Зависла между настроениями. То есть вообще без настроения. Поняла, что надо менять жизнь. Возникла идея пойти в политику (конец 1992 года), причем самостоятельно, избираясь по округу в Москве. Все — и муж, и коллеги — рассмеялись в лицо и отказали в помощи. Приснилась инструкция, и я решила пошагово ей следовать. Победила. Что это было? В смысле — сон. Конечно, интуиция.

Или недавно: из-за ипотеки схлопнулась семейная кредитная пирамида. Катастрофа. Дошла до ручки. От отчаяния впала в анабиоз с одной мыслью: «Жить здесь и сейчас, не паниковать и ни о чем не думать. Придет». И пришел проект. Заработала, долг закрыла. Это что было? В смысле анабиоза? Интуиция. Только совсем другая, без инструкций и снов.

Так что же такое интуиция? Давайте разбираться.

Один из моих подходов — не пытаться копировать чужие модели поведения. Нам так хочется получить готовый модуль, чтобы легко и весело обустроить в нем свою жизнь. Но кажущаяся легкость бытия в этом случае оборачивается вполне конкретными катастрофами. Мы все разные, и вроде бы похожие ситуации на самом деле очень индивидуальны. Я всегда ищу универсальные инструменты, базирующиеся на поиске сути ключевого понятия, а затем стараюсь адаптировать их к личной ситуации. Итак, разберемся, в чем суть интуиции, выработаем инструменты поиска, а дальше каждый пойдет своим путем.

«Наше сознание может знать нечто, что мы не осознаем каждодневно, то есть не можем выразить в виде последовательной цепочки мыслей и слов. Это свойство сознания давно известно людям Востока, и называется оно интуиция» («Дзен-буддизм как интуитивный способ познания мира»). Китайский мудрец Лао-цзы, например, призывал людей «опустошать головы и наполнять животы». Только не надо бросаться к холодильнику. Не все так просто. Имелось в виду, что решение нужно искать не в наборе привычных понятий, его надо чувствовать всем телом или всем существом.

Последнее высказывание мне особенно созвучно в свете опыта исследования периферийного зрения. После тяжелого сотрясения мозга — упала на катке, потеряла сознание — я решила сходить к офтальмологу. Меня усадили перед аппаратом. Велели смотреть одним глазом в горящую точку. Предупредили, что по периферии через разные промежутки времени будут возникать точки помельче, светящиеся с неодинаковой интенсивностью. Мое дело, увидев точку, не двигая зрачком, нажать на клавиатуру под пальцем рабочей (в моем случае правой) руки. Я вначале дико разволновалась. То ли я их не вижу, то ли их нет. Поймаю — нажму, словно бой выиграла. Но это была репетиция. А затем мы перешли к 30-минутному тесту. Все ушли. Я аж взмокла вся. И тут пришла спасительная мысль: «Не в рулетку играю на последние! Просто развлекаюсь и кайфую, как ребенок. Расслабилась, улыбнулась, и вперед: будь что будет, мне все равно, просто ловлю, как могу, зайчиков на экране». И понеслось. Жутко понравилось. Через минуту я просто чувствовала эти точки всем своим существом, даже самые коварные, крохотные и далекие от центра. Может, пример не совсем удачный, но состояние было восхитительное: ты, как ракета в космосе, летишь и попадаешь в цель всем своим корпусом. Результат превзошел ожидания врача: 99% попаданий, а 1%, думаю, я потеряла вначале, когда волновалась. При чем тут пустота? Не спешите, читайте дальше.

Психологи разделяют способы познания человеком мира на **витальный**, то есть эмоционально-чувственный, и **ментальный** — мыслительно-интеллектуальный. В моем примере, как вы уже догадались, ментальный способ — настройка на игру, а витальный — сама стрельба по точкам. Возникает вопрос: где интуиция — в витальном состоянии или в ментальном? И напрашивается естественный ответ: конечно, на витальном уровне. Но! Все не так просто, господа. При мне многие не справлялись с тестом не из-за проблем со зрением, а из-за суетливости, нервозности, попыток «стать отличником». Очень боялись, что результат будет плохим (а это означает плохое зрение), и в результате им приходилось по многу раз начинать все заново. Так бывает, когда люди не могут сознательно опустошить себя — освободиться от страха и других установок.

Чтобы начать чувственно-ментально (интуитивно) стрелять по точкам, мне пришлось с помощью одной части мозга сознательно убрать все мысли из другой части и перенастроить себя на детские развлечения. Оказалось, что этот процесс не так прост: вначале надо до этого додуматься, а потом усилием воли сделать.

На протяжении всей истории человечества мыслителей интересовала способность перенастраивать мозг на другой лад. Учение о способе познания мира сверх опыта и сути человека называется метафизикой. Сверх опыта значит умозрительно, без анализа накопленных исследовательских данных, что было абсолютно естественно для наших далеких предков. Им не хватало развитой науки, технологий. Но мысль стремилась объять необъятное. В метафизике соединилось все: и египетский мистицизм, и индийская философия, и древнегреческая, идеи которой наиболее системно изложили Аристотель и Платон. Последний рассматривал интуицию как часть метафизики. Мир, вселенная, человек виделись как нечто статичное, постоянное. Итак, **в те времена естественные науки и философия объединялись в едином учении о мире — метафизике**.

С развитием научной мысли и приборов наблюдения произошло отделение естественных наук от метафизики, а затем в спор с нею вступил Гегель с его диалектикой. Он рассматривал мир в постоянном саморазвитии и на базе этого принципа открыл философский метод изучения всех объектов, включая материальный и нематериальный миры, в то время как метафизика считала мир неизменным, хотя и очень сложным.

Спрашивается, зачем я вам всю эту тягомотину излагаю? Да затем, что тысячелетиями интуитивный метод познания применялся наравне с научным. Мало того, в новейшее время происходит медленный разворот науки лицом к метафизике, особенно к откровениям дзен-буддизма и даосизма. Почему? Потому что деятельность и достижения великих ученых (от Менделеева до Эйнштейна) убедительно доказали, что открытия совершаются в момент пересечения научного знания и абсолютно иррационально-интуитивного. Интуиция играет огромную роль и в бизнесе, и в политике. Все великие деятели отличались интуитивным подходом к жизни. Именно поэтому они предвидели и открывали. Кстати, стремление постичь иррациональное для достижения успеха особенно отчетливо наблюдается в мотивации нового поколения Z. Рожденные в более свободной стране, а не за железным занавесом, они живут «сверх опыта» СССР и поэтому сами более свободны в поиске решений на стыке рацио и иррационального. Это так называемое поколение индиго.

Итак, интуиция — это способ познания себя и мира за пределами логики и опыта. То есть постижение реальности, свободное от интеллектуализации. Если в человеке ежесекундно работает физика + дух + интеллект, то получается, что интуиция — это работа физики и духа, но без интеллекта? Так, что ли? Знаменательно высказывание Эйнштейна на эту тему: «...не существует логического пути открытия элементарных законов. Единственным способом их постижения является интуиция, которая помогает увидеть порядок, скрывающийся за внешними проявлениями различных процессов». Проще говоря, интуиция проявляется в инсайтах — внезапных озарениях. В итоге у интуита витальное побеждает ментальное. Но и это не совсем так. Недаром о Ньютоне говорят, что яблоко должно было упасть не просто на голову, а на зрелую голову. В основанном на реальных событиях фильме «Игра в имитацию» обожаемый мною Бенедикт Камбербэтч играет гения, который прошел все круги ада в поисках кода дешифровки немецкой разведки и в итоге решил задачу совершенно случайно. Инсайт был вызван фразой, произнесенной какой-то девушкой в компании людей, веселившихся в баре. Фраза сработала на ассоциативном уровне. Но подобная ассоциация могла навести на мысль только серьезного ученого. Именно по этой причине многие исследователи современности приходят к выводу, что в науке есть элемент интуиции, а в восточной философии — абсолютно объективные наблюдения. Объединяет и то и другое Его Величество Опыт. Так что тот, кто хочет постичь тайну вселенной и своего бытия, не сможет сделать это, лежа на диване и почитывая разного рода литературу, включая и эту книгу.

Итак, **интуиция — это просветление**. Просветление — результат активизации подсознательного и нейтрализации сознательного, логического мышления. Но! Уровень просветления зависит от постановки задачи с помощью логики. Короче говоря, **интуиция — это иррациональный способ познания, применяемый человеком, который обладает знанием**. Для того чтобы понять, как достичь интуиции, необходимо обратиться к самому интуитивному учению о мире — **даосизму**. Даосские правила гласят: «Если хочешь добиться чего-либо, следует начать с его противоположности» (см. Капра Фритьоф «Дао физики»[6]). Лао-цзы: «Для того чтобы что-то уменьшить, безусловно, следует сначала увеличить его. Для того чтобы ослабить, безусловно, следует сначала придать сил...» Переносим на интуицию: чтобы обрести **рациональное**, включи **иррациональное**. Чтобы прийти к **интуиции**, вначале разберись с противоположным, со своим **рациональным** логическим мышлением. Вот так. Подробности позже.

Мы познакомились с общим понятием интуиции, а теперь попробуем изучить ее формы, чтобы понять каждый вид чувствования и выбрать необходимый.

---

6 Капра Ф. Дао физики. — СПб.: Орис, Яна-принт, 1994.

Подход к систематизации

Являясь частью природы, человек изменяется и постоянно движется в одном ритме с нею. Если этому движению не мешают привычные штампы, то можно обрести интуицию, заложенную в каждом из нас от рождения. Путь Дао — это путь доверия своему восприятию, не обремененному опытом, которое присуще и природе, и человеку. По словам Хуэй Нань-цзы, «те, кто следует естественному порядку вещей, движутся в общем потоке Дао» («Дао физики»). И Гераклит («Все течет, все изменяется»), и даосисты, и Гегель, и Эйнштейн определяли движение как сосуществование противоположностей в каждом явлении и — в силу разности — постоянную их борьбу и чередование: там, где инь достигает вершины, его сменяет ян, и наоборот. Поэтому понятие гармонии нельзя рассматривать как нечто постоянное. Она возникает и тут же разрушается. Так, следуя принципу смены энергий, китайцы лечат людей: стимулируют ту энергию, которой не хватает.

Мой опыт показал, что большинство людей не связывают гармонию с движением. Им кажется, что если продать квартиру в Москве и уехать в Индию, то, живя на природе и медитируя, они достигнут вечной гармонии. Но получается наоборот: деньги кончаются, а вновь войти в деловую активность большого города после многих лет, проведенных вне потока, не удается. С другой стороны, люди, участвующие в гонке за прибылью, устают так, что ненавидят весь мир, срываются и все теряют. Только чередование деятельности и опустошения, фактически ежедневное, порождает гармоничную энергию.

Именно так двигалась в самореализации и я. Стремясь к высшей ступени, могла отступить, а затем рвануть вверх. Чтобы найти новое дело, отказывалась полностью от прежнего. Интуитивное движение не терпит статичности. Чтобы возродиться, надо «умереть».

Однако в истории человечества виды интуитивных методов менялись в зависимости от уровня развития науки и философской мысли. Неизменным оставался лишь главный принцип: статичность — это смерть, жизнь — это движение через чередование крайностей, а мечта — вовремя удерживать баланс.

Типы интуиции

Строго говоря, я согласна с Гансом Селье: «Поскольку интуитивная умственная деятельность может протекать только без участия сознательного контроля, то и подлинный научный анализ интуиции невозможен». Но нам не нужен глубокий научный анализ. Мы нуждаемся в бытовой систематизации понятия, чтобы легко выбирать тот тип интуиции, в котором нуждаемся в данный момент. Поэтому попробуем подойти с другой стороны, со стороны простой человеческой жизни.

Как уже было сказано, интуитивный путь — путь слияния с естественным в себе и в природе с отключением логики и социального опыта. В связи с этим интуицию можно подразделить на:

1) низкочастотную;
2) среднечастотную;
3) высокочастотную.

Можно также понятие «частота» заменять понятием «вибрация». Смысл будет тем же.

Низкочастотная интуиция соответствует **низкочастотным и среднечастотным** чувственным уровням познания. Человек в этом случае сливается с природой, отметая полностью сознание, присущее его разуму. Это делается с помощью медитативных ритуалов, основанных прежде всего на ритмах и движениях.

Низкочастотные ритуалы наблюдаются у шаманов, в ритуальных танцах племенных общин и т. д.

Среднечастотными вибрациями работает искусство, в частности китайская каллиграфия, чайная церемония, хоровое пение, а также гадалки и прорицательницы с их свечами и заговорами.

Высокочастотная интуиция — синтезированный продукт, соединяющий подсознательное и научное знание. И Юнг, и Фрейд утверждали, что **интуиция** — это **вторжение бессознательных содержаний в сознание**. Соответственно интуиция, как средне-, так и низкочастотная, имеет **пассивный**, не зависящий от вас, **случайный** характер. Высокочастотная интуиция имеет **активный** характер, так как вызывается человеком ради поставленной цели и **управляется его сознанием**.

Вот мы и добрались до **интеллектуальной интуиции**. Фактически это и есть мой способ принятия решений. Что это такое? **Особый вид знания, получаемого на бессознательном уровне и реализуемого осознанной практикой.** Я практикую объединение чувственного и логического, периодически сознательно загоняя себя в «немыслие».

Для примера вспомним, как я ушла в политику. Я описывала это в начале главы. Мне приснилась инструкция. Она стала плодом работы подсознания под воздействием недовольства жизнью в бизнесе даже при том, что он был успешным. Я проснулась и в тот же день начала этой инструкции следовать. Этот шаг уже был практикой действующего сознания. Или: во время дебатов в перерывах я хотя бы на одну минуту полностью отключалась, ни о чем не думая. Потом выходила на очередной раунд, и меня внезапно осеняло, что делать дальше. И я тут же начинала действовать. Описываю я этот процесс долго, но происходит все быстро и, если делать все в нужной последовательности, эффективно.

Итак, интуиция разделяется на две основные и одну срединную формы в соответствии с разделением мира на **первую природу** и **вторую природу**. Первая природа включает бытие естественных вещей и процессов, вторая — бытие человека со всем, что он сотворил. Вторая природа — мы и наша среда с накопленными нами знаниями и опытом. Но она же нас и разрушает. Мы изводим окружающую среду, усиливаем стрессы, множим переизбыток информации и т. д. Чтобы быть в нашем мире эффективным, надо уметь сохранять баланс между первой и второй природой. Уйдя полностью в жизнь Дао — путь первой природы, вы обретете Будду. Уйдя во вторую — разрушитесь. Обыкновенное человеческое счастье — на пересечении или, точнее, в постоянной **сменяемости** первого и второго миров в познании себя и вселенной. В точке пересечения находится практическая интуиция, овладеть которой легче, чем высшим познанием. Но чтобы подвести вас к этой форме интуиции, мне пришлось прокладывать путь к вашему **сознанию**, а **не подсознанию**. Такой вот парадокс: чтобы понять природу подсознательного, надо на первом этапе включить сознательное и напрячь смысловые мышцы, в том числе и изучая историю вопроса.

Практическая интуиция: методы достижения

Человечество находится на грани нервного срыва. В Казахстане на международном форуме «Вызовы XXI века» все эксперты, футурологи, политологи и социологи били в набат. Их объединил страх перед разрушающим культурный код и психику натиском мегабайтов информации. Сергей Капица в свое время цитировал Алексея Леонтьева, который еще в 1965 году предупреждал: «Избыток информации ведет к оскудению души». Тот же Капица предложил гениальную идею «избегать информационного спама». Даосисты в древние времена изучали борьбу между естественной гармонией человека и среды, с одной стороны, и избытком знаний, убивающих интуицию, — с другой. Цитирую Лао-цзы: «Лучшее знание — это незнание о том, что ты знаешь».

Интуиция проявляется в том случае, когда человек желает сберечь **цельность** своего восприятия мира, включая и **сознание**, и **подсознание**, и **опыт**, и **логику**, и **воображение**. Человек желает стать бесконечно **чувствующим**, как природа, и бесконечно **осознающим**, как высший разум. Возможно ли такому научиться? Несомненно. Надо лишь понять, что цельность и многообразие восприятия даны нам от рождения, необходимо просто вернуться к самим себе. У меня это чуть-чуть получилось. Поэтому в 1990-е я смогла вовремя уйти из преподавания в рынок, затем покинуть бизнес и ворваться в политику и, наконец, уйти из политики в свободное творчество и снова найти себя. Кстати, **интеллектуальная практическая**

интуиция сберегла мне уйму энергии, так как решения принимались на внутреннем ощущении. Интуитивный рывок помогал родиться заново, сохранив при этом полезный опыт прошлого. Такой путь дорогого стоит. Не жалко и платить по счетам, оставив позади пресловутые мечты о богатстве или власти.

Запомните, пожалуйста, простой факт (и вы с ним согласитесь, как только задумаетесь о своих решениях): в повседневной жизни нам проще иметь дело с нашими **представлениями** о действительности, чем **с самой действительностью**. Чтобы найти интуитивное решение, необходимо слиться с **действительностью**, а не с тем, что вы под ней подразумеваете. Как говорят дзен-буддисты, стать и **пустым,** и **заполненным одновременно**. То есть стать прозрачным и пропустить через себя весь мир в своих ощущениях, а не взглядах на него, накопленных предшествующим опытом. Тысячи женщин и мужчин живут, подчиняясь негативным обстоятельствам. Почему? У них нет воли, или способностей, или физических сил, чтобы сменить работу, партнера по жизни и т. д.? Ничего подобного. Просто то, что им внушило общество, стало их представлениями о том, что они могут, а что не могут, что можно делать, а что нельзя. И эти представления о жизни заменили им саму жизнь. Обидно, ведь достаточно человеку понять себя и жизнь шире, чем его научили, и он начинает творить чудеса.

Подобное состояние достигается легко и сложно, что связано с этапами подготовки, в которую **ни наркотики, ни алкоголь не включаются**. Мне кажется, это важное замечание. Все химические препараты опускают вас до низкочастотной природы. А мы говорим о высшей форме интуиции. Итак, главный принцип — и это работа сознания — убежденно отказаться от всех накопленных представлений о жизни. На время. Следующие этапы выглядят **у меня** таким образом.

Этап I

Сознательно уйти в паузу, уединиться. Выключить телефон, компьютер, удалиться от людей.

Этап II

Сознательно написать интересующий вопрос на листке бумаги. Сформулировать все четко и ясно, без общих мест типа «Где счастье?».

Этап III

В тишине закрыть глаза и представить этот листок прикрепленным ко лбу магнитиком (очень конкретным), как к дверце холодильника.

Этап IV

Переход к подсознательному.

Взять в руки по два любых шарика или четки и минут пять–десять, закрыв глаза и представляя листок, перебирать их, спокойно и равномерно дыша. Таким образом мы двигаемся к пустоте сознания, посылая напоследок в подсознание образ запроса. Это позволяет закрепить месседж в подсознании и для начала чуть-чуть освободить голову от суеты.

Этап V

Уходим глубже, открывая дверь в среднечастотную интуицию, так как вторая природа все уже выполнила. Главным проводником здесь для нас будет искусство. Любое, но то, что под рукой: кино, музыка, живопись, литература. Важное условие: оно должно не будоражить и напрягать, а «уносить» душу за пределы бытовой текучки. Эффективнее, если это будет уже прочитанная книга, виденное кино или хорошо знакомая музыка. И никаких рэпов, рока, ужастиков, детективов и компьютерных игр.

Стоит вам «улететь», и вы обретете даосскую пустоту: станете пустым и одновременно полным. Вашу пустоту заполнят образы художника, а он — проводник вселенной, где есть место всему, в том числе и вашему будущему.

Концепции **пустоты** в дзен-буддизме уделяется большое внимание. Однажды вместе с клубом «Оратор» мы посетили в Киото дзен-буддийскую деревню, куда пускают туристов, в том числе и пожить. Там, в окружении чудесного пейзажа, есть высокие, мощные Ворота пустоты. Но даже не всем послушникам можно через них проходить. Только глубоко пустые и наполненные новым знанием сути природы и человека могут, пройдя в Ворота, обрести в единстве с собой новый путь.

То, что я предлагаю, не путь мудреца, а стиль принятия решений в обыденной жизни. Он полегче, но медленно ведет туда же, к тропинке за воротами.

Этап VI

Ложитесь спать и ни о чем не беспокойтесь. Вы активировали мозг на адресную работу, соединив подсознательную сферу и сознание. Теперь он будет работать над решением задачи непрерывно. Главное — не пропустить инсайт, а поймав, бесстрашно реализовать на практике. Не надо думать о сроках появления решения. Проснувшись утром, не ждите его, просто живите дальше. Не будете суетиться, и решение придет.

Вернемся к моему примеру с семейными финансами. Дело было несколько лет назад, как раз во время глубокой рецессии. Я перебрала все варианты, но выхода не нашла. Началась паника. Решила применить свою технику поиска интуитивного решения. Прошла за вечер все этапы и легла спать. Утром проснулась, вернулась в привычный режим, и вдруг где-то в полдень, в машине, между двумя интервью, пришло: «Ничего не делай! Живи сегодня как сегодня, вчера — забудь, завтра — тоже. Придет». Мне как-то сразу стало легче, и я расслабилась, выбросив проблему из головы. Через две недели «пришло», и тема была закрыта.

Кажется, все просто. Но так только кажется. Чтобы научиться применять подобные практики, необходимо развиваться и быть **открытым миру**. Без бесконечных «я знаю и так», «не верю», «выхода нет», «все фигня», «это не мой путь, я другой». Все перечисленное — признаки закрытого сознания. В этом случае вас от мира возможностей отделяет дубовая дверь, запертая на замок. Интереснее и полезнее вставить в этот замок ключ, открыть дверь, выбросить из головы хлам и заполнить ее Большим знанием и Большим ощущением. Это непрерывный процесс, помогающий справиться с информационной революцией. И называется он **Дао-путь в Дао-пространстве**.

Итак, в качестве вывода. **Интуиты**:

— обладают воображением;

— гуманитарно чувствительны;

— эмоционально раскачаны или на визуальном, или на аудиоуровне;

— открыты познанию и расширению возможностей личности.

Вдруг так получилось, что вы эмоционально не развиты, мыслите технологически, включая лишь опыт, логику и знания? Ничего страшного. Главное — захотеть и начать потихоньку открываться всему непривычному. Посещать изредка выставки ярких художников, слушать, хотя бы в машине, классику, легкую в восприятии (Вивальди, Бетховена, Шопена). Читать в самолете классическую литературу, начиная с новелл (Бунина и т.д.), или взяться за «топов» современной мировой литературы (Кадзуо Исигуро). Пусть вначале это будет что-то вроде тренировки души аналогично фитнесу в спортзале — один раз в неделю. Увидите результат, обалдеете от открытий, и пойдет само. Вы научитесь видеть сложное в простом и простое в сложном и, соответственно, принимать нестандартные креативные решения.

Интуиция включается и в быстром, оперативном режиме. Чтобы в суете рабочего дня решить текущую задачку, надо:

— сменить пространство на десять минут, лучше выйти на улицу;

— остаться одному;

— выключить на две минуты голову, просто прогуляться;

— задать себе главный вопрос, волнующий вас сейчас. Ответ получите тут же.

Ну, вот и все. Достаточно, я думаю. Тема интуиции еще будет косвенно освещаться во всех последующих главах.

Выводы

1. Интуиция — это способность находить решение вне опыта и логики.
2. Практическая интуиция доступна всем.
3. «Интуиция или рацио?» — тема, изучаемая философами и учеными всех времен. И все пришли к выводу о необходимости соединения сознательного и подсознательного, рационального и интуитивного.
4. Интуиция — инструмент познания мира и себя как его части. Только при таком целеполагании можно научиться применять ее для решения конкретных задач.
5. Существует много типов интуитивных практик, главное — найти ту, что соответствует вашей задаче.
6. Методы развития интуиции = методы целостного развития личности. Ключевое понятие — целостность.
7. В эпоху информационного взрыва интуитивный подход обеспечит баланс в сохранении личности.
8. Путать жизнь со своими представлениями о ней, полученными в результате практики, — ошибка. Открытый разум интуитивен в силу избегания этой ошибки.
9. Путь к принятию интуитивных решений для каждого индивидуален, но принцип «наполненной пустоты» универсален для всех.

10. Интуитивный метод познания мира не означает полного одиночества. Работает принцип Дао: «Чтобы добиться чего-то, начни с противоположного. Чтобы стать успешным среди людей, возьми паузу. Обратись к рациональному и придешь к иррациональному. Хочешь научиться полезному уединению, обратись к общению с интересными людьми. Хочешь быть интуитом, устань от практической логики».

11. Гармония — только в идеале, в жизни — смена противоположностей. Ищи баланс каждую минуту и не бойся качелей. Просто лови амплитуду, чтобы не упасть.

Почему выводы такие длинные?

Потому что тема сложная, да еще и первая в книге.

Перерыв, отдыхаем!

Отступление №1

(Все герои и события вымышлены автором)

Дом

Он и она прожили бурную совместную жизнь. Настолько бурную, что прокрутили фильм, рассчитанный часа эдак на два, за полчаса, случайно нажав на ускоренный просмотр. И устали… Чуть-чуть, не желая признаваться в этом ни себе, ни друг другу. Сжатая в пружину прожитая жизнь распрямилась, ушла за горизонт и удивляла прямолинейностью и простотой будущего. Она, чувствуя надвигающийся штиль, приняла жизнь, такой как есть, спокойно и рассудительно. Он, наоборот, забеспокоился, вздернулся и как-то не принял. Не захотел, совсем не захотел и купил… дом. Они не были настолько богаты, чтобы покупать дом. В жизненную модель продвинутого среднего класса этот дом не вписывался никак. Он это понимал, но сердце рвалось скрутить пружину жизни обратно и заодно осуществить великую мечту Мужчины — поместье с роскошным садом. В ход пошло все — хитрые финансовые схемы, ипотека, переговоры с хозяевами, парой итальянцев в возрасте где-то под 80. Он все делал втайне от нее, предвидя женское сопротивление подобным авантюрам. Но хозяева захотели увидеть семью. Пришлось все раскрыть и притащить ее с дочкой во Францию.

Придя вечером в гости, она первым делом увидела огромную террасу в классических мраморных балясинах. Полусфера террасы открывала вид с горы на море с силуэтами светящихся яхт, которые в ночи были похожи на рыб, решивших посмотреть на луну. Слева скромно поблескивал Ментон, вытянувшийся вдоль залива. Справа, на мысу, заносчиво сверкал Монако, украшенный нагло и напыщенно. Но и тот и другой не мешали глазу: море вытолкало их на обочину владений и разлеглось — властно и лениво — перед террасой. Благодаря небольшой высоте казалось, оно распахивалось перед стоящим на террасе человеком, уверенно демонстрируя себя, меняя позы, наряды, включая спецэффекты лунных дорожек и отраженных звезд. Она была настолько поражена мощью увиденного, что впала в странное состояние абсолютной аутичности и неспособности воспринимать мир за рамками предложенного полотна. Но он выдернул ее из гипноза, потянул за руку, сбивчиво объясняя, как все здесь здорово, и затолкал в дом, в котором она ничего даже не заметила. Опомнилась в гостиной, уставленной разношерстной, собранной за многие годы мебелью, с китайским шкафом в перламутровых птицах, у горящего камина, под старинной люстрой, в обществе хозяев — пожилой итальянской пары. За круглым столом расселись агенты по продаже, муж, друг и адвокат семьи. Все говорили на всех языках одновременно. Она вежливо отвечала на вопросы, улыбалась, чувствуя, что явно не вписывается в ситуацию. Стало жарко и невозможно тяжело, что-то придавило ее в кресле и не давало дышать. Она даже не помнила, как оказалась в машине, едущей в гостиницу.

Прошло около полугода, и они приехали в опустевший дом. Хозяева оставили люстру и китайский шкаф. И все. Он предложил ночью поехать в большой супермаркет. Она согласилась. Купили матрасы, постельное белье, чайник и продукты, немного посуды. Поздно ночью легли спать на полу. Он заснул счастливым: временна́я пружинка сжалась. Она заснуть не могла. Вышла на террасу, и опять море захватило ее, уже летнее, а не то, осеннее. Внезапно возникло странное напряжение в спине. Обернулась. Никого. Дом светился молочным мрамором, отражая лунный свет. Тишина. Она почему-то резко захотела вернуться в помещение, испугавшись внезапной тоски. На цыпочках пробралась в пустую спальню, где лежал на полу муж. Пристроилась рядом и быстро заснула.

Прошло еще около года. Она много работала, ездила по всей стране в командировки и постепенно привыкла к его долгим отсутствиям. Он занялся косметическим ремонтом дома, а заодно затеял во Франции проект, чтобы пореже приезжать в Москву. Не придавая особого значения расширяющейся пустоте отношений, она азартно решала повседневные проблемы, получая от него по телефону отчеты о продвижении в обустройстве дома. В начале лета они с дочерью наконец появились на потрясшей ее в свое время террасе. Первое впечатление оказалось верным. Море оставалось магически привлекательным в бесконечной смене света, цвета и настроения. Хотелось жить на террасе, как на яхте, плывущей туда, где небо сливается с водой.

Затем она пошла осматривать жилище. Дом начала XX века оказался двухэтажным, со множеством коридоров и маленьких комнат. По старинке он озаботился только двумя пространствами: гостиной внизу и основной спальней наверху. Все остальное сложилось безалаберно, как бог на душу положит. Бессмысленные коридоры, комнатушки, выходящие в сад, темная кухонька. Зато аж три туалета: один с душем на втором этаже, один внизу — гостевой, а один — в маленькой конуре при хозяйской ванной комнате. Обои в цветочек, старые стены, запах прошлого. С ощущением несовпадения во вкусах она вошла в хозяйскую ванную. Ванна, низкая, огромная, зеленоватая, вытянулась вдоль стены. Справа раковина, широкая, как в старину. Рядом окно в сад. Напротив ванны огромный, размером со шкаф, трельяж, три зеркальные створки, складывающиеся в пенал. Возле него в нише спрятался душ. На мраморном полу раскинуты маленькие коврики, подобные тем, что висели в детстве над кроватью. Все было подчинено практическому удобству, но странным образом превращалось в атмосферу томной усталой роскоши. Она ступала по этим коврикам, как героиня «Ностальгии» Тарковского в старой итальянской гостинице, и чувствовала, что этот осколок прошлого притягивает ее, манит и ничего не обещает. Дом казался совершенно чужим. Не формально, как любое новое пристанище, а чужим по сути своей. Будто кто-то скрывался в темных углах, прятался в каминах, строго наблюдая за непрошеной гостьей. И только здесь, в этом единственном месте, она избавилась наконец от тревоги. Ленивая ванная комната примирила ее с домом. Отбросив странные ощущения, она вышла на любимую террасу. Море успокоило, нашептывая движением волн: «Поживем, посмотрим».

Пролетел еще год. Он окончательно осел в доме, заполняя его своими привычками и мелочами. Она осталась в России с дочерью, много работала и привыкла видеть его в Москве только изредка или же когда приезжала отдохнуть на побережье. Как-то летом их в доме навестила его дочь от первого брака, живущая в далекой Америке с 19 лет. Уже 28-летняя девушка, она сохранила прекрасный русский язык, была веселой, добродушной говоруньей и никому не мешала, скорее, внесла разнообразие в их очередной летний отдых.

А проводить его вместе становилось все трудней. По куче женских мелочей, вылезающих коварно из всех щелей, она догадалась, что он обустроил в доме своей мечты берлогу, куда мог кого угодно затащить и без проблем вытолкать. Похожая модель почти сложилась и у нее. У обоих с недавнего времени возникла готовность разрубить узел, крепко завязанный умелыми ручками времени и привычки. Но все не решались — может, от лени, может, от мудрости. Появление дочери оказалось очень кстати.

Как-то вечером, после заката, они вчетвером — он, она, младшая общая дочь и его старшая — поднимались с пляжа к дому, на гору. Дорога петляла, постепенно приближая к цели. Они проходили мимо машин, отдающих накопившийся дневной жар, мимо дарившего прохладу маленького горного ручейка, вдыхая густой аромат цветов, перемешанный с запахом водорослей. Серенькие горные голуби с ниткой бус на шее то и дело взлетали прямо из-под ног. Благословенное время: сумерки, честная усталость, ожидание ужина с холодным белым вином.

Пока поднялись, совсем стемнело. При подходе к дому, на дорожке уже внутри участка он зажег электричество. Осветились ведущие на террасу боковые ступени, начинающиеся с опорной низкой колонны, на которой сбоку прижился горшок с цветами. Она привычно взглянула на горшок и обомлела. Рядом с ним неожиданно обнаружилась узкая кисть руки. Она вальяжно свешивалась вниз, выше локоть, казалось, опирался о колонну, но, присмотревшись, она поняла, что между локтем и мрамором — пустота, рука парит в воздухе и принадлежит явно мужчине, пальцы длинные, худые, запястье тонкое. Взгляд пошел вверх, и картинка предстала в законченном виде: тень очень высокого мужчины в шляпе и плаще стояла на ступенях, облокотившись небрежно о колонну, и он очень внимательно смотрел на нее. Лицо, как в фильмах «нуар», скрыто под шляпой, угадывается волевой подбородок. Голова обращена к идущим, но она была уверена, что глядел он только на нее. Мало того, мужчина не спеша склонил голову, как бы присматриваясь к тем, кто подходил к лестнице, а затем внезапно исчез. «Фу ты, наваждение, перегрелась на пляже», — подумала она и с облегчением вошла в дом.

Начались хлопоты: плита, стол накрыть и прочее. Она совсем выкинула из головы странный вечерний мираж, когда в кухню вошла старшая и, приблизившись, на ухо шепнула:

— Видели?

— Что?

— Ну тень мужчины в шляпе.

Сердце забилось у горла. Она медленно присела на стул и переспросила, борясь скорее не со страхом, а с сердцебиением:

— Ты видела тоже?

— А!!! И вы видели? Круто. Ничего себе привидение! — хохотнула девушка и умчалась рассказать все отцу. Тот, как выяснилось, ничего не заметил.

После ужина она начала мыть посуду. Вода из-под крана текла на тарелки, брызгами отлетая вверх, шумя, и под эту привычную музыку бытовой реальности она вспомнила слова московского знакомого, произнесенные, когда они гуляли по старым переулкам города: «В каждом доме с историей проживает Гений места. Он редко показывается, но он, именно он определяет, кому в этом доме жить, а кому нет...»

На следующий день навалились гости. Их было много — разных, суетливых и шумных. Чередовались дни. Когда она, устав, в отчаянии намекнула ему, что нет больше сил, они поссорились. Потом все уехали — и друзья, и старшая дочь, и он усвистал куда-то, радостный и непонятный. Она позвонила другу, пригласила, но тот, ссылаясь на дела, долго что-то объяснял: он может, да, но, с другой стороны, сложно, хотя... Она слушала монотонное гудение его голоса, пока не поняла, что ее энтузиазм иссяк, и, сказав «Как знаешь», с облегчением отключила телефон. Вечером, уложив дочку, пошла в ванную: разделась, долго смотрела на себя в зеркала старого трельяжа. Фас и два профиля явно намекали на надвигающуюся депрессию. Включила воду, чтобы наполнить ванну. Пока лилась вода, ходила босиком, переступая по коврикам туда-сюда, туда-сюда, словно медитируя, вызывая дух любимого режиссера. Наконец, легла в ванну, погрузилась в воду по шею, откинула голову, закрыла глаза. Через полчаса надела халат, пошла в спальню, разделась и обнаженная легла поверх покрывала. Погасила свет, оставив ночник, кондиционер выключать не хотелось. «Жарко», — была последняя мысль, посетившая сознание и унесшая ее в сон...

Прошло часа два, и вдруг что-то вытолкнуло ее из сна. Она открыла глаза. Напротив, в углу, стояла тень — точно так же, в шляпе и плаще. Она понимала, что, абсолютно не прикрытая, должна или засмущаться, или испугаться. Но нет, она просто лежала, позволяя смотреть на себя. «Сон? Нет, не сон, старшая тоже видела. Точно не сон. Просто посетил Гений места». Обрывочные мысли не мешали ей в то же время расслабляться, чувствуя покой. Он овладевал ею, начиная с кончиков пальцев рук и ног, заполнял тело и наконец охватил голову. Именно в этот момент она вдруг замерзла. Повернулась, накинула халат, лежащий рядом, развернулась обратно. Тень исчезла. Она на удивление легко и беззаботно стряхнула наваждение, забралась под одеяло и впервые за многие годы уснула крепко, как ребенок.

Через день она методично убрала дом, собрала дочку, сложила вещи, купила билеты и уехала. Счастливая и спокойная. Больше она не вернулась ни в дом, ни к мужу, ни к молодому любовнику. Началась новая жизнь. И она поспешила ей навстречу. Уверенная, что там, впереди, ее ждет… свой Гений места.

Глава 2

Рестарт, перезагрузка

Точнее, перезагрузка, а только потом рестарт. Вы сами должны были уже догадаться, что для того, чтобы двигаться вперед на качественно новом уровне, надо сначала что-то изменить в себе. Движение — закон вселенной, и мы, являющиеся ее частью, останавливаясь, фактически начинаем двигаться назад. Это все равно что отрицать все гаджеты и упорно не пользоваться интернетом, демонстрируя активный «консерватизм». За последним стоит элементарная лень, нежелание приложить усилия, чтобы освоить что-то новое, вначале научиться, а затем сделать привычкой, облегчающей жизнь. Гений Стива Джобса заключался как раз в том, что он сэкономил усилия потребителя и упростил переход к современным информационным технологиям. И действительно изменил мир, дав всем шанс идти в ногу с технологическим прогрессом. Но одно дело — перенастроить привычки, а другое — перенастроить самого себя. Здесь как раз явных усилий не требуется, все проще и сложнее. Попробуем разобраться.

Меняя свою жизнь, я себя не мучаю. Для решения проблемы пытаюсь перенастроиться на другие волны вокруг себя.

Например, читаю лекции уже более десяти лет. После книги «В предвкушении себя» было много предложений написать что-нибудь простенькое, бизнес-популярное, по принципу «не снижать темп публикаций, пока успех со мной». Отказалась. Но настроилась на задачу. В результате родились три новые лекции, после апробации которых меня «пробило» — пора писать новую книгу. Пошли волны, синхронизированные с разными событиями, и все привело к рабочему столу и листам бумаги (посты и статьи — на компьютере, книги — от руки, так как воображению компьютер мешает, а ручка — нет. Это не правило, просто у меня так сложилось исторически).

В последние годы экономическая рецессия и непредсказуемое поведение политиков всего мира, а особенно России, доконали всех окончательно. Люди, считавшие, что все у них худо-бедно срослось, начали терять рабочие места, доходы и перспективы стабильной жизни. Устали и запаниковали. Это проблема номер один. Есть и проблема номер два, характерная для мужчин после 40. Даже если кровью и потом заработали, витамин жизни исчез, ничто не радует. Проблема номер три, особенно у честных романтических девушек: любимые предают, изменяют, мучают, и они окончательно вязнут в вечной «нелюбви». Все случаи хронического несчастья связаны с отсутствием знаний, прежде всего о себе и, соответственно, о мире. Как следствие — катастрофическое отсутствие жизненной энергии. И мозг, и тело существуют по инерции, не двигаясь со скоростью, которой требует время. Вот тут и необходимы **перезагрузка** и **рестарт**. Звоночек прозвенел, если больше трех месяцев наблюдается уныние, плохой сон, отсутствие либидо, нулевой аппетит или обжорство и все это сопровождается ощущением страха или тревоги. Я за последние несколько лет подобное переживала не раз. Помогала спасительная мысль: «Раз такая задница, придется опять перенастраиваться. Ничего, зато это жизнь, молодость, борьба...» Вспоминается один из романов Харуки Мураками: танцуй, сколько можешь, а перестанешь — будешь «Человек-Овца».

Принципы перезагрузки и рестарта

Принцип №1

Отказ от потребительской модели «счастья — успеха»: дом, семья, работа, телевизор. И так монотонно по жизни с периодическим отдыхом по плану. Чтобы эффективно и мобильно перестроиться, необходимо расширить (без наркотиков и алкоголя!) сознание, активировав подсознание по следующей формуле «счастье — успех» (в книге «Дао жизни» успеху посвящена целая глава, но повторю формулу еще раз):

- делать то, что в кайф тебе;
- делать это так профессионально, чтобы получать деньги, **не мешающие** свободно делать то, что в кайф;
- делать среди людей, которые тебе в кайф;
- делать для тех людей, которые ловят тот же кайф (для начала, потом можно расширять круг).

К этой формуле необходимо стремиться до 30, а после 30, набрав опыт и профессионализм, начать реализовывать. Человек потребительской модели, пресловутой стабильности неизбежно отстает от прогресса, быстро старится, не обладает внутренней энергией, живет с упрощенным, закрытым на все замки сознанием. Интуиция (см. главу 1) и подсознание не работают, люди деградируют.

Пример: одна из моих учениц на курсе «Лидерство» в клубе «Оратор» подошла к личностному кризису, прилично зарабатывая в корпорации. Потом она поступила во ВГИКе на режиссерское и актерское отделения. Уже сняла сама короткометражки и сыграла роли. Труд оценен положительно. Она счастлива. Все представили молоденькую красавицу с модельной фигурой? Нет! Ей за 30, симпатичная, самая обыкновенная молодая женщина.

Принцип №2

Необходимо быть уверенным в том, что ваши потенциальные эмоциональные, интеллектуальные и физические возможности неисчерпаемы. Вне зависимости от внешности, возраста, здоровья от рождения. Все ограничения только у вас в голове. Особенно ярко это проявляется в момент падения на дно от отчаяния. Каждый успешный селф-мейд-человек, вспоминая прошлое, удивляется, как смог все это совершить и преодолеть? Как, как... От отчаяния и силы — у сильных. А сильным может стать каждый при условии, что любит жизнь и готов падать и вставать ради собственного процветания.

Ко мне на лекцию пришла девушка с церебральным параличом, абсолютно несчастная, без работы и одинокая. Дошла до ручки. Через два года вернулась и сообщила, что нашла работу, вышла замуж и родила ребенка. Я вытянула? Нет, конечно. В зале было около 400 человек, и не все смогли что-то в своей жизни изменить в лучшую сторону. Просто она пришла в отчаянии, зацепилась за мои слова и взлетела, страстно желая жить качественно, несмотря ни на что.

Принцип №3

Элементарный потенциал формируется у среднего человека до 25 лет. Национальные и религиозные традиции, семейные ценности и отношения, культурный код, образование и социализацию человечек впитывает с рождения. Так обретаются четыре простейшие свободы (см. введение). Все перечисленное назовем условно, по аналогии с физикой, **массой личности**. Продолжим аналогию. «Когда сила, приложенная к телу, больше силы сопротивления, то результирующая сила приводит тело в движение. **Движущее тело обладает кинетической**

энергией. Кинетическая энергия тела **прямо пропорциональна** его **массе и скорости**». Итак, в нашем случае масса — это потенциал человека к 25 годам. Дальше, чтобы придать движение и обрести жизненную энергию (условно кинетическую), необходимо преодолеть сопротивление носителя тела и набирать скорость. Вывод: счастливая энергичная жизнь характерна для **движущейся** личности. Человек постоянно расширяет знания о своих возможностях и реализуется через поступки. После 25 лет нельзя камнем висеть на других, пора ускоряться. Движущееся тело не стареет, поскольку энергия жизни зависит как от массы потенциала, так и от скорости познания мира и соответствующих действий. Если вы внимательно перечитаете главу 1, то вспомните, что движение происходит за счет сменяемости противоположных полюсов в каждом явлении: инь — ян, смерть — рождение, темнота — свет, минус — плюс. Именно поэтому движение разрушает стабильность, но обеспечивает равновесие противоположностей. Чтобы наполниться, надо стать пустым, и наоборот. Чтобы стартануть, надо остановиться, и наоборот. Постоянная смена полюсов обеспечивает человеку движение, органичное его природе, в союзе с движением вселенной, как бы пафосно это ни звучало. Это и есть срединный путь Дао: изменяясь, удерживать путь, не заваливаясь на обочины. **Не будьте камнем на дороге, двигайтесь.**

Ну а теперь с помощью уже знакомого метода — определить суть понятия, а затем использовать инструменты достижения — можно перейти к перезагрузке.

Перезагрузка

Перезагрузка = обнуление с целью заполнения новым содержанием. Если связать философию нового времени с древними учениями, то получится следующее: по мнению Роберта Уилсона, вам необходимо проникнуть в душу пятого контура, которая постоянна, поскольку пуста и бесформенна (!). «Она играет все роли, которые играете вы» (Роберт Уилсон «Психология эволюции»[7]), в том числе эволюционного провидца. «Но не является ни одной из них. Она пластична. Она бесформенна, так как она — это все формы. Это — “творящая пустота” даосов». Звучит мощно, но сразу представляются долгие годы медитации где-нибудь на Гоа или в Тибете. Уилсон излагает красиво, и по сути я его союзник. Но! «Душа пятого контура» — как-то слишком загадочно и потому непонятно. Я — практик. И та же идея, посетившая меня, воплотилась в конкретные шаги. Мы же договорились, что душу (подсознание) будем умело соединять с сознанием (логика и опыт). Кто забыл, возвращайтесь к главе 1 «Интуиция». Я нашла более простой инструмент достижения творческой пустоты, разделив процесс обнуления на последовательные этапы.

[7] Уилсон Р. Психология эволюции. — М.: Янус, 1998.

Этап I

Вы дошли до ручки и поняли, что надо качественно менять вид деятельности или структуру жизни (состояние более глубокое, чем при поиске интуитивного решения). И вы признаетесь себе в диагнозе, который поставили самостоятельно: не хочу жить прежней жизнью. Хочу новую.

Этап II

Вы внимательно читаете три принципа перезагрузки, описанные в этой главе, и принимаете их за **свои**. Вы готовы «обнулиться» и далее осуществить рестарт. Вы готовы отказаться от борьбы за бытовую стабильность.

Оба эти этапа — ключевые. Если провести аналогию между мозгом человека и компьютером, то вы в части вашего **сознания** выступаете программистом, который, прежде чем начать новую программу, стирает старые и вдохновляется новой задачей. Подключает настроение и через него робко стучится в **подсознание**. Компьютер идет по пути перебора данных из прошлого: «да, нет». Человек способен на «да, нет» (прошлое) и «может быть» (будущее) (см. введение).

Этап III

Вы находите 10–12 часов времени, обязательно включая ночь. Это время вы проводите **в уединении**, в закрытом помещении. Мой опыт занятого человека в Большом городе показал, что процесс удобнее осуществлять с вечера пятницы до утра субботы. В любом случае нужно, чтобы утром вам не требовалось бежать на работу.

Этап IV

Выдергиваете «компьютер» из розетки. Ваш мозг переполнен трешем и переживаниями. Приближаемся к обнулению. Компьютер (настоящий) и телефон выключаете и прячете с глаз долой. Пусть под рукой будет все, что вам дорого и создает уют, кроме средств коммуникации с миром. Работаем с **подсознанием**.

Этап V

Подключаются все стадии поиска интуитивного решения, перечисленные в главе 1. Самое важное — четко сформулируйте отказ продолжать существование в его нынешнем виде и запрос на новый способ самореализации.

Единственное небольшое отличие. Искусство, которое, как проводник, выведет в упомянутый «пятый контур», должно не просто «унести», а эмоционально взорвать вас, разрушив все сознательные барьеры и выбросив в новую реальность, выстроенную художником. На это лучше всего работают видео- и аудиоэффекты (сильнейшие психологические фильмы классиков и современных режиссеров, живопись — для немногих и музыка). Музыку лучше слушать в наушниках, лежа в расслабленном состоянии, закрыв глаза. Она должна быть того жанра, который этому положению тела способствует (классика, электронная, медитативная). Живопись тоже способна произвести нужное действие, но надо быть скорее художником, чтобы погрузиться в картину, забыв, где вы и что вы. Литература в этом случае для неопытного читателя слишком сложна. Музыка как самый вибрационный вид искусства — наиболее эффективна.

Этап VI

Примите ванну с успокаивающими эфирными маслами (мелисса, лаванда, иланг-иланг), минут на 10–15, негорячую, и ложитесь спать.

Утром проснетесь свежим, бодрым, позитивным. Как будто на Тибете или Гоа побывали… Можете подключать все гаджеты и возвращаться к людям. Обнуление завершено. Поздравляю. Вы опустошили сознание и наполнили своим запросом подсознание.

Переходим к рестарту. Этот процесс требует активного участия **сознания**.

Рестарт

Вы попробовали наполниться творческой пустотой, не вставая на путь монаха, а двигаясь к своей цели. Приоткрыли дверь в бессознательное и подпихнули туда записочку с запросом к самому себе. Это важно! Ваш мозг обладает намного более широким видением, чем тот коридор, в котором вы пребывали до перезагрузки. Вы не раздвинули стены, но начали переход в другое пространство, которое психологи называют одним из новых тоннелей реальности. Их много, а человек чаще всего бродит лишь по привычным. Но, чтобы осуществить **рестарт**, необходимо перейти — **постепенно** (!), **без химических препаратов** — в новый тоннель, в реальность вашего будущего. Фактически родиться заново. Это — творческое состояние, данное от природы каждому. Я до 35 лет была типовым продуктом 1980–1990-х. Мне пришлось самостоятельно пробиваться, когда мир вокруг глобально менялся. Что дало мне силы не сломаться, вкалывать и рисковать, влюбляться и рожать, запредельно мечтать, реализуя все возможное наяву? Описанная практика выхода из тупика. Обнуление и появление на свет заново. Маленькая «смерть» и возрождение.

Кстати, этот феномен характерен для всего поколения успешно реализовавшихся в 1990-е. Все рушилось под ногами. Те, кто смогли отринуть прошлое («умереть») и рвануть, веря в свои неограниченные возможности, стали успешными и в том числе заполнили списки *Forbes*. Не принявшие новое, испугавшиеся или заленившиеся проиграли. Сегодняшний день чем-то напоминает то время. Все опять закрутилось, только теперь уже в целом мире, и опять пора стартовать.

Переходный этап

Итак, на следующее утро вы вышли из перезагрузки. Наступает процесс подключения сознания (логики и опыта). Вы ощущаете обновление, тревоги несколько отступили. Может даже присниться интересный сон. Запишите его. Наверняка ничего не поймете. Не страшно. Время не пришло. Не приснился? Тоже прекрасно. Не переживайте. Не ждите подарков в виде инсайта здесь и сейчас. Просто начинайте активно жить, сделав **на следующий день** два важных упражнения. Именно поэтому я рекомендую выбрать время так, чтобы утром не надо было бежать по делам.

Упражнение №1

Попробуйте поставить широкие границы полету обновленного сознания в достижении цели. А не то, освободившись от цепей, воображение начнет выкидывать такое, что вы или испугаетесь, или ринетесь в авантюру вам не по плечу. Пример: недавно, как я уже писала, я столкнулась с финансовой катастрофой. После обнуления утром зафиксировала: что бы ни было, остаюсь в России. И стало легче. Куча ложных, по сути, вариантов отпала. Почему ложных? Потому что, как только я представила, что продаю квартиру и уезжаю, я почувствовала катастрофу. Я теряю в этом случае личность, состоявшуюся вопреки всему, со своим творчеством, культурным кодом и тем, чем я сейчас занимаюсь. Вопрос закрылся. Почему в этом выборе только после перезагрузки мною была поставлена точка? Из-за ситуации в стране, и потому что близкие люди на протяжении последних лет упорно подталкивали к отъезду.

Итак, ставьте рамки. В России или нет, в этом городе или уехать. Наемным работником или свой бизнес. Российская компания или иностранная. Фрилансер, или корпорация, или частный бизнес. Жить в гармонии с собой или пожертвовать своей жизнью ради другого. Лучше все мысли записывать. Не спешите что-либо предпринимать. Рано. Просто слушайте себя и заполняйте пустоту, расставляя знаки, самые общие: да, нет. Напоминаю, что перезагрузка нужна, если наступило состояние отчаяния. Так что упражнение актуально. Если у вас все окей, то не занимайтесь рестартом ради развлечения. Тогда можно пробовать то, что описано в главе 1. Уважайте себя и не мучайте организм понапрасну. И еще раз! Не мельчите. Рамки самые широкие. Это те границы, за пределами которых ваша личность разрушается. Может, я не права. Эзотерики считают, что надо полностью довериться подсознанию. Но мой опыт показал, что для более эффективного результата лучше быть осторожнее. Во всяком случае все, что я потом предпринимала, оказывалось успешным, а то, от чего отказывалась, наконец-то переставало мешать идти своим путем.

Упражнение №2

Человек — существо социальное, живет и обучается, используя все средства коммуникации. Людей вокруг бывает или слишком мало (у интровертов) или слишком много (у экстравертов). Чтобы начать жизнь с чистого листа, **забрав из прошлого только полезную базовую платформу**, необходимо «почистить коммуникацию». В век информационного бума успешный человек не тонет в информации, а использует ее строго в своих целях. Точно так же и с энергией других людей. Попадая в личностный кризис, вы и так ослаблены, надо себя поберечь. А мы чаще всего, когда страдаем, наоборот, начинаем тонуть в интернете и собираем вокруг себя несчастных.

Для меня чистка общения — это:

Интернет и соцсети — использовать только для дела: делиться информацией, получать информацию. Искать в Сети дружбу, любовь, спасение от одиночества — ошибка. Вы просто засоряете голову хламом. Поэтому необходим режим: если есть время с утра — один час просматриваем новости. Вечером — два часа на посты, перепосты, новости и т. д. В течение дня, если нечего делать (едете в машине, в метро), по 15–20 минут. Все остальное рабочее время — общайтесь вживую. На свиданиях, деловых и романтических, как минимум убирайте на телефоне звук, а лучше и сам телефон — с глаз долой. Если ситуация патовая, то извинитесь перед собеседником за то, что отвлекаетесь на звонок. Есть чудесная фраза для человека «на том конце провода»:

«Ок, понял(а) тебя (вас). Сейчас очень занят(а), перезвоню в ближайшее время». Увеличьте дистанцию с людьми, постоянно «загружающими» вас своими проблемами. Предложите помощь, и все. Это не значит, что вы с ними ссоритесь. Просто сделайте дистанцию длиннее: встречайтесь реже и короче. Стремитесь общаться с позитивно настроенными, энергичными, с теми, кто на вашей волне. С теми, кто тоже ищет себя.

Удобнее проделать всю эту умственную работу на следующий день после перезагрузки, утром, на свежую голову. После этого включайтесь в обычную жизнь. Но для того, чтобы эффективнее и быстрее перейти в новый тоннель реальности, сулящий вам разрешение проблем, необходимо более подробно изучить время, в котором мы живем.

Мир, в котором мы живем

Элвин Тоффлер в «Третьей волне»[8] описывает три этапа в развитии человечества:

- аграрно-феодальный (переход от первобытных отношений к управлению государством);
- индустриально-рыночный;
- информационный взрыв, или постиндустриальная волна (начинает доминировать экономика интеллекта).

Многие считают, что четвертой волной будет общество, основанное на искусственном интеллекте. Программисты станут такой же архаикой, как и кузнецы. Востребован окажется только творческий интеллект людей, определяющий будущее человечества, ставящий компьютеру задачи.

Мы на данный момент и в ближайшие 20 лет будем находиться на пике информационной волны, фактически так называемого девятого инфовала. На этой волне **хаос** как высший порядок (вспоминаем Дао: движение через смену противоположностей) проявляется особенно явно. Институты, созданные людьми, не справляются с прогнозированием политических событий, с кризисом финансовых систем и альтернативным

[8] Тоффлер Э. Третья волна. — М.: АСТ, 2004.

наседанием технологии блокчейн и криптовалют, с экологическими катастрофами и изменением климата. Во всей красе расцветает Эпоха Большого Хаоса. Анализом подобных явлений занимался ученый русского происхождения Илья Пригожин, получивший в 1977 году Нобелевскую премию в области физической химии. Предметом его изучения были сложные системы. Он утверждал, что чем сложнее системы, тем они менее устойчивы. Чем выше неустойчивость, тем быстрее происходят изменения, то есть развитие. Именно поэтому общество развивается все быстрее — оно постоянно усложняется. И далее следует очень важный для нас вывод: **чем быстрее развивается система и, соответственно, усиливается нестабильность, тем более она становится «связанной».** Пригожин **математически** доказал, что с приходом третьей волны **мир начинает тяготеть ко все большей связанности, а не к саморазрушению. Кажущийся развал в действительности является предвестником прорыва** (Р. Уилсон «Психология эволюции»). Именно поэтому Нассим Талеб, популяризатор теории хаоса в наши дни, автор идеи «черных лебедей» — непредсказуемых событий, свою книгу о том, как вести бизнес в условиях хаоса, назвал «Антихрупкость»[9]. Читай — связанность.

Проясню основные положения. Каждая страна циклически проходит в своем развитии три стадии: турбулентность, статику и динамику. Потом все повторяется. Обществом двигает экономика (базис), а управляют институты (надстройка). Базис за счет технического прогресса двигается всегда быстрее, так как законы его развития от воли людей не зависят. Надстройка (парламент, монарх, суды, церковь и т. д., условно назовем эти

---

9 Талеб Н. Антихрупкость: Как извлечь выгоду из хаоса. — М.: Колибри, 2016.

институты «правительство») всегда отстает. В момент их жесткого несоответствия происходит разрушение правительств, то есть институтов. Связанность надстройки и базиса разрушается. Это характерно для периодов, когда институты только создаются (1990-е годы в России) или отстают (сегодняшний день). Этот феномен и есть **турбулентность**.

Статика: базис и надстройка соответствуют друг другу. Общество **связано**: институты не мешают изменениям в базисе, а наоборот, используют прогресс в интересах населения и элиты (пример: Европа после Второй мировой войны).

Динамика: стремительное развитие базиса за счет технической революции. Институты («правительство») начинают ослабевать, но еще не мешают. Связанность убывает.

Турбулентность: связанность нарушена, институты мешают базису, и он их подрывает.

По таким же законам существуют и мировая экономика, и мировое правительство (все надстройки, национальные и наднациональные). Однако чем быстрее двигается и усложняется экономика, тем более **связанной** она становится. Малейшее изменение в технологиях, например интернет, проникает не только в каждую корпорацию, но и в каждую семью. Еще недавно были компьютеры — для продвинутых пользователей, и были телефоны — для звонков, а теперь смартфон — наше все: сети, куча вариантов звонков, музыка, фотоальбомы и т. д. При такой связанности базис обходит институты и быстро проникает в жизнь человека. Надстройка окончательно не справляется с процессами, и наступает эпоха хаоса — длинного тренда турбулентности. При этом, как утверждает Роберт Уилсон, сегодняшнее нарастающее разрушение институтов — это прорыв к новой связанности, когда суть институтов управления (надстройки) поменяется. Правительства заменит модель саморегулирования. В этом случае система станет полностью связанной, и в эволюции общества ни одно звено не будет мешать общественному прогрессу экономики. Подобный эффект Нассим Талеб назвал «антихрупкость», то есть абсолютной связанностью. Автор перенес законы развития общества и цивилизации на человека. И я с ним полностью согласна. Мы отражаем мир вокруг нас. В хаосе человек успешен, если понимает, что ему необходимо стать более связанным, чтобы его **надстройка** — эго, социальный опыт и потенциал — не мешала, а наоборот, помогала движению его личности при экспоненциальном развитии экономики.

В наше время роль связки играет информация, но не избыточная. Именно на этапе рестарта, после упражнений переходного этапа, вам необходимо усилить **связанность**, так как вы решили **усложняться**, развиваться быстрее и разрушить неэффективные установки вашего привычного эго.

Рестарт: устойчивость и динамика

Рестарт — это, по сути, соединение противоположного: динамического и одновременно устойчивого (связанного) поведения. Примером могут служить движения канатоходца и велосипедиста.

Канатоходец, балансируя при каждом шаге, идет медленно, но идет по канату! Если он остановится, то упадет. Велосипедист увеличивает скорость, непрерывно крутя педали. Но! По канату он не проедет. В обоих случаях вы имеете связанность за счет движения. Но по характеру типы движения разные. Выбирайте способ в зависимости от ситуации. Устойчивость в обоих случаях определяет **движение**. Налицо факт **динамичной устойчивости** (инь + ян). Но в первом случае вы проходите там, где другие не могут. А во втором — двигаетесь быстрее, чем другие. Подобная связанная динамика не подразумевает рывков и скачков. **Это постоянное и ускоряющееся развитие и усложнение в ритме движения больших систем**, частью которых мы являемся. Кто нарушает эту закономерность, останавливаясь, пытаясь застолбить стабильность (не связанность!) или решив, что можно не усложняться, а плыть по течению, тот опаздывает и терпит крах. Связанная динамика характерна для волны, по сути, являясь природой кванта, если провести аналогию с квантовой физикой. Именно поэтому в «Дао жизни» я утверждала, что лидер XXI века — это дао-лидер, **текучий человек** с расширяющейся ответственностью за движение своей личности, или сложный человек. В 2017 году из жизни ушел великий российский культуролог Даниил Дондурей, который предрекал, что в XXI веке именно сложный человек будет востребован. Дондурей утверждал, что прогресс всегда обеспечивает меньшинство, для которого характерен нестандартный подход к решению проблем. Основная же масса людей (около 70%) просто используют или поддерживают достижения меньшинства. Но в будущей и частично настоящей экономике необходимо сформировать 100% креативного населения, и это вызов для всех стран (см. введение).

Итак, вы поставили границы изменений, почистили коммуникацию, готовы ускорить движение. Что дальше?

Инструменты синхронизации в хаосе

Чтобы приступить к поиску новой самоидентификации или в личной жизни, или в бизнесе, помните о нескольких явлениях, которые, если использовать их в качестве инструментов, заметно повысят вашу эффективность. Они существовали всегда, но в эпоху турбулентности (хаоса) это просто «маст хэв».

1. **Эффект бабочки**. При нарастающей скорости волнового движения и усложнения общества, маленькое изменение может повлечь масштабные последствия, причем, в отличие от индустриальной эпохи, в очень короткие сроки (!). Нассим Талеб назвал феномен нелинейных закономерностей «черными лебедями», то есть непредсказуемыми событиями, когда малейшие изменения дают неожиданный эффект. Эффект бабочки присущ любой эпохе, но в настоящее время он становится системообразующим фактором жизни. Небольшие ошибки проскакивают при линейном тренде. При нелинейном, турбулентном — маленький «взмах» «не туда» приводит к неожиданной катастрофе. И наоборот. Взмахнуть чуть-чуть в нужное время и нужном месте, и вы взлетаете к звездам. Вот почему необходима интуиция. Резкие масштабные шаги уменьшают связанность, риски растут, а небольшие шаги помогают, напротив, снизить их.

2. **Эффект влияния наблюдателя на объект наблюдения**. Например, вы в течение пяти–десяти минут наблюдаете за камнем через микроскоп. Ничего не происходит. Камушек не меняется. Повторяем опыт, но с каплей воды. Вы удивитесь, но под вашим наблюдением микросущества (инфузории туфельки, например) изменят характер движения. Ученые заметили, что элементарные частицы, ускоренные в коллайдере, чутко реагируют на появление человека в огромном зале, даже если он стоит неподвижно. И возвращаются к исходной траектории после его ухода. Чуткость порождена подвижностью или воды, или частиц. В камушке все застыло. Запомните эти сравнения. К камушку мы еще вернемся. Вывод: чем выше скорость объекта, тем больше на него влияет наблюдатель. Нестабильность хаоса, таким образом, усиливает эффект влияния наблюдателя на объект наблюдения.

3. И, наконец, очень полезно в ситуации хаоса вспомнить о **золотом сечении**. Это гармоническое деление, в процентном округленном значении — деление величины в соотношении 62 и 38%. Говоря простыми словами, золотым сечением отрезок разделяется на две неравные части так, что меньшая относится к большей, как большая ко всему отрезку. В итоге получаем «золотое число». Оно применялось при строительстве пирамид, христианских, католических и православных храмов. Его использовали художники и музыканты — в распределении тактов (Бах). Подобную же пропорцию демонстрирует рынок акций и Forex в графике смены условных «медведей» и «быков» (движение отдельных случайностей стремится к внутренней гармонической динамике).

Ну, все. Теперь можно стартануть.

Техника исполнения рестарта

Движение в связанности к новому — вот что нас интересует. Поехали.

Как я уже писала, информация, но не избыточная, обеспечивает качественную, результативную динамику. Начинаем, проще говоря, «движуху» или социальную раскачку. Мы — часть целого. Синхронизировав свои волны с волнами целого, мы поймаем идею своего рестарта. Почистив коммуникацию, усиливаем энергетический обмен с людьми за счет живого общения с миром. Теперь мы открыты и заполняем пустоту теми, кто нам интересен и тоже движется, не боясь усложнений. Нам нужно резко расширить коммуникацию с людьми, вне зависимости от статуса, денег, профессии, пола, возраста и сексуальной ориентации. Рестарт в этом смысле похож на природу: беспорядочен и упорядочен одновременно. Мы не ждем идею, просто открываемся интересным людям.

Не надо их «подбирать», просто ищите своих, бесконечно развиваясь и будучи свободным от предрассудков. И в какой-то момент случай вас не подведет. Слившись с **живым миром** людей в **другом настроении**, вы получите от него весточку и ее не пропустите. Главное потом — **не испугаться и начинать действовать**.

Пример: в момент кризиса я познакомилась с велосипедистом, начала ездить с ним по Москве на велосипеде, говорить о жизни и открыла мир человека, который, будучи музыкантом, принципиально не работает. Живет очень скромно, периодически купив-продав какую-нибудь тряпку. Любит жизнь и собирается быть вечно молодым (ему около 40, выглядит на 30). Обожает театр. У нас с ним нет вообще ничего общего. Но, став приятелями, периодически с удовольствием болтаемся там, где нам интересно. Кстати, этот «человек дождя» часто выводит меня из уныния.

Еще пример: я веду курс в клубе «Оратор». На занятиях в группе, состоявшей из молодых ребят, карьерных и успешных, вдоль и поперек выученных на корпоративных тренингах, я дала задание. Нужно было познакомиться при удобном случае и поболтать с незнакомцами, просто приглянувшимися, без какой-либо цели, в том числе и личного характера. Первая реакция — ступор. Затем последовало вялое обещание выполнить домашнюю работу. Из 20 человек попытку предприняла где-то половина. И на следующей встрече они, довольные как слоны, с восторгом рассказывали, что случайные истории дали старт новым идеям, возможностям преодоления коммуникативных ступоров и обретение новых компаний. А одна девочка, в огромных очках, просто миленькая, без модельной фигуры, небольшого роста, привела на занятие парня — спортсмена, красавца, интересующего рынком криптовалют и личностным ростом. У них начался роман. С момента задания до его выполнения **прошла всего одна неделя**! Остальные 10 слушателей «нервно курили» в сторонке от позитива.

Мой муж занялся восстановлением после финансового кризиса и нашел партнеров — энтузиастов, опытных и успешных — для развития проектов в информационных технологиях. К его восторгу все срослось. Один парень заговорил с ним в книжном магазине, увидев название книги в руках мужа, со вторым поболтали в самолете во время перелета. Кстати, оба моложе моего мужа, но всем было интересно обмениваться опытом. Теперь сотрудничают втроем. Каждый нашел тот человеческий пазл, в котором нуждался для целостности продвижения. Подобные улыбки судьбы случаются в любые времена, но природа хаоса требует усиления недетерминированных случайностей. Надо не бояться новой природной общественной стихии, а умело в ней плавать, извлекая **не выгоду, а удачу**! Кстати, получается веселее и дешевле, чем в кадровых агентствах или на приемах у психологов. Главное — быть интересным тем, кто интересен вам. **Получая, отдаешь**. В этом и есть смысл молодежного выражения «**быть на одной волне**», а по сути эффективного общения и в семье, и в обществе.

Итак, связанность турбулентного времени помогает найти идею прорыва при одном условии; вы, как зеркало, отражаете новую динамику и образ мира. В процессе случайного, кайфового для интеллекта общения очень скоро и совершенно закономерно вы поймаете идею решения вашей грандиозной задачи. И тогда родитесь заново. В наше время космических скоростей вы опоздали себя искать. Кризис это подтвердил. Остается родиться заново.

Реализация идеи рестарта

Итак, вы поймали идею вашей новой жизни.

Теперь приступаем к практике ее осуществления.

1. Опять включаете логику. Расписываете самую скромную минимальную эффективность своих начинаний, которой надо внутренне придерживаться: превышение дохода над расходами примерно 5%. Сокращаете избыточные потребительские расходы, расходы для души увеличиваете в части разнообразия, но находя более экономный вариант, нажимая на хобби (см. «В предвкушении себя»). Не планируете будущее, отталкиваясь от эпизодов успешных взлетов в прошлом: «А вот два года назад я поймал удачу и получил кучу денег, такой подход раньше срабатывал, значит, надо продолжить». Забыли. Мир **качественно** ускоряется и требует новых подходов при сохранении базовых навыков. Начинайте с чистого листа и нестандартно (см. главу 1), а то отстанете и провалитесь.

2. Если начнете тупить, включите **интуицию**. Если опять одолеет **страх** и желание убежать, начните наблюдать за собой. Я обещала вернуться к камешку, так вот: вы начали двигаться, вы подвижны и вы уже не камень. Вы — **«элементарная частица» хаоса**. Значит, став наблюдателем по отношению к себе, вы способны изменить себя. Помните мой пример? В нашем случае вы **наблюдатель**

и объект наблюдения в одном лице. Берете бумагу и расписываете страхи. Потом закрываете глаза и визуализируете их, при этом от них избавляясь (см. подробно в главе 3 «Эмоциональный интеллект»).

Если зарываетесь, вспомните об **эффекте бабочки**. Путь состоит из маленьких шагов, или маленьких взмахов, но постоянных. Так вы снижаете риски. Хаос не терпит неврозов и рывков. Понемногу, но непрерывно идите навстречу новой самореализации.

3. Вспомните **золотое число**.

РАНЬШЕ		**ТЕПЕРЬ**	
38% интуиция	62% опыт	38% опыт	62% интуиция
		38% работа	62% творчество
38% отдых	62% работа		
38% воображение	62% логика (формальная)	32% диалектика[10]	68% воображение

Вот так. У меня и у многих других людей получается. И у вас получится! Удачи.

10 Движение за счет единства и смены противоположностей, или диалектическая логика.

Выводы

1. Рестарт — не найти себя, а родиться заново.

2. Перезагрузка по технике близка к поиску интуитивного решения. Но есть отличие: вы опустошаетесь — сознательно, признавая, что действительно хотите отпустить прошлое и начать новую жизнь.

3. После перезагрузки подсознания необходимо сознательно поставить широкие границы для новой самореализации.

4. Рестарт упорядочен и беспорядочен подобно окружающему миру. Новая идея родится в вас, но будет озвучена новыми людьми и не всегда напрямую. **Ищите своих**, а не себе подобных по статусу, доходам или возрасту.

5. Чтобы реализовать идею, разберитесь в эпохе Большого Хаоса, или турбулентности. Описанный тренд — длинный, минимум до 2040 года. Не ждите стабильности. Двигайтесь маленькими шажками. Движение обеспечит связанность вашей личности и предотвратит кризисный разрыв между достигнутым и желаемым. Подобный путь — путь истинного дао-лидера, добивающегося успеха и счастья в эпоху перемен.

6. Хаос — тоже порядок, имеющий свои законы. Если вы их знаете, то ваша новая жизнь будет выстроена без провалов и крупных ошибок. Главное правило: наблюдатель влияет на подвижный объект наблюдения. Вы двигаетесь

в рестарте, а значит, при наблюдении за собой, анализируя собственные ошибки, а не проклиная обстоятельства, быстро найдете выход. Камень не меняется под вашим взглядом, а элементарная частица или микросущества в капле воды тут же реагируют. Почему? Они подвижны.

7. Машите крыльями не сильно, но постоянно. Это время не орлов, а бабочек.

8. Если вы прочитали эту и предыдущую главы, ничего не поняли и почувствовали дикое раздражение, значит, это не ваше. Вам еще не нужна серьезная перезагрузка. Вернетесь, когда действительно захотите жить другой жизнью.

Перерыв, отдыхаем!

Отступление №2

Художник, модель и взрослая женщина

Ему было 30, а ей на 15 лет больше. Он был богемным фотохудожником, облепленным инопланетными существами с подиума, а она... ну не важно, скажем так, самостоятельной бизнес-леди. Их роман возник неожиданно, беспричинно и, как это ни странно, почти с первого взгляда. Что довольно редко для вполне взрослых людей, относительно довольных своей семейной жизнью. Почти, потому что первый взгляд был, но не более. Судьба свела их вновь у общих друзей, и оба поняли, что сопротивляться невозможно, да и не нужно. Нечасто выпадает шанс пережить искреннее чувство столь разным взрослым людям. Каждый успел сменить несколько половинок, утихомирился наконец, и тут на тебе. Спасал только опыт выстраивания человеческих отношений и вытекающее из него отсутствие желания что-либо разрушать и создавать заново. Оба, как могли, берегли просто чувства, не заходя за границы, где обрывалась нить радостного... Подобная мудрость поддерживала огонь влюбленности и сделала их очень близкими и родными людьми. Поначалу ей, конечно, было сложнее. Ее волновало все: и разница в возрасте, и неконкурентоспособность в сравнении с объектами фотосессий художника. А еще его манера тактильного общения с представительницами противоположного пола. Но сработало его искусство любить женщин, тактичное и заинтересованное, и ее безмерная мудрость окучивать свой участок, не претендуя на все пространство мужских интересов. Она понимала, что когда-нибудь история закончится, но не задумывалась о будущем, терпеливо взращивая на своем огородике плоды любви к настоящему.

Прошло шесть лет. Как-то знойным городским летним вечером, наслаждаясь редким лакомством и теплом на террасе кафе, он вдруг завел разговор о съемках его любимой модели для спецпроекта Black and White. Речь шла о вулканическом острове, где столетиями морской песок, смешиваясь с черной золой, создал жесткий контраст с белыми домиками-кубиками местных жителей. У художника возникла идея превратить модель в демона — дитя вулкана и моря, и снять ее на черном побережье в накате белой морской пенной волны. А заодно поиграть с кубическими формами, отважно, словно птичьи гнезда, закрепившимися у подножия дымящегося вулкана — хозяина маленькой страны. «Представляешь! Тысяча метров над водой и тысяча метров под. Извергается каждые двадцать минут, и так сто лет. Можно сотворить с моей моделью настоящий арт. По-взрослому. А то достал весь этот глянец. Поехали со мной, ты будешь моя муза, мое вдохновение».

«Вдохновение — прекрасно. Но это выход из привычного и уютного пространства», — подумала она тревожно. За столько лет они никогда не путали его работу и совместные поездки. С другой стороны — остров, вулкан, черный песок… «Может, все-таки попробовать, а модель, она ведь, как и прочие, была всегда. Переживем». И она решительно кивнула в знак согласия.

Девушка обладала совершенными формами и была на удивление мила и легка в общении. Болтая с ней в дороге о пустяках, взрослая женщина искренне восхищалась ее небрежной грацией и даже где-то с гордостью думала о том, что, не имея даже процента подобной красоты в сочетании с молодостью, тоже может называться «подружкой» художника. Подобный статус как-то бодрил, придавал сил и беспечности. Правда, смутил неуклюжий комплимент, отпущенный полицейским на паспортном контроле: «У вас такая красивая дочь!» Но вовремя подвернулся аргумент-перевертыш из анекдота: «Бьют по морде, а не по паспорту». «Если бы не паспорт, то сошла бы за... ну не знаю... все было бы без комментариев!» — успокоила себя она быстро и профессионально.

Наконец они добрались до места. Мечты сбывались прямо на глазах. Вулкан пыхтел каждые двадцать минут, песок переливался черным асфальтом под оранжевым солнцем. Их жилище соответствовало духу проекта. Кубик в ущелье на берегу, белые стены, старые журналы, матрасы на полу, ситцевые занавески на окнах. Вокруг пусто, кухня под навесом, разбитый топчан: добро пожаловать в мир хиппи 1970-х. Она вдруг остро почувствовала себя в машине времени, щедро увозящей ее в юность, в студенческий балаган и абсолютное нежелание быть ответственной за что бы то ни было.

«Никогда нельзя сразу работать на новом месте. Нужно присмотреться», — заявил он, и дни потекли весело и безумно. Днем они купались, болтались по всему острову в поисках натуры, ели спагетти с йодистым привкусом всяческих начинок, пили красное вино. Местные рыбаки бегали тайком от жен поглядеть на чужестранную красавицу, которая тихо посапывала ночью в гостиной, в то время как она и он терпко и жарко, еле сдерживая крики, занимались любовью на просоленных матрасах в крошечной спальне. Волны подкатывали прямо к подоконнику, разъевшаяся по-южному луна торчала на небе и подсматривала нагло в окно. Ее захлестнуло абсолютное, тотальное счастье.

Наступил первый день съемок. Лучшее по красоте место оказалось прямо у дома, да и начинать так было сподручнее. Она, одетая во все белое, в образе гранд-дамы–наблюдателя, выволокла на плоскую крышу их кубика соломенное колченогое кресло и с достоинством расположилась в нем, ожидая увидеть захватывающий спектакль с обнаженной героиней. Но с обнажением как раз что-то не заладилось. С удивлением она услышала их рабочий диалог в гостиной, доносящийся из открытого окна. «Ну что ты там закопалась?» — «Да подожди ты, мне нужно вставить тампон…» — «Ну как всегда, как работать, так месячные… Стой! Подожди-ка! Идея! Никаких тампонов! Ты — демон, истекающий кровью. Черное, белое, красное, все складывается». — «Да иди ты… Я так не могу». — «Что значит не могу?! Это работа. Главное войти в образ. Пошли, а то свет режимный уйдет». Он и модель появились на берегу. Модель явно чувствовала себя неважно, но несла прекрасное тело настолько профессионально эстетично, что ее нагота через секунду уже не смущала, а воспринималась как нечто должное, присущее дикой природе острова. Взрослая женщина облегченно выдохнула, пережив первое изумление от их рабочего совещания, и приготовилась, наконец, с достоинством исполнять роль музы художника. Подавать, например, реплики с крыши.

Но процесс не шел. Модель капризничала и скорее походила на уставшую нимфу, но никак не на демона. Причем ее не смущали мальчишки, расположившиеся на всех скальных выступах. Глаза у подростков горели недетским огнем, и роль вулканических демонят им удавалась явно лучше. Художник нервно что-то кричал и бегал вокруг, щелкая камерой. Вдруг модель вскрикнула и замерла. Он бросился к ней, почти воткнул ей между ног объектив, пощелкал и, довольный, повернулся к зрительнице на крыше. «Принеси ей салфетки!» — раздался командный голос. Взрослая женщина от неожиданности вздрогнула и бросилась на кухню. Спустя несколько минут спустилась на пляж и протянула пачку белых листков. «Расставь ноги шире!» — деловито обратился он к модели и начал вытирать кровь, потекшую по белой коже. Женщина наблюдала, затаив дыхание. Все мысли куда-то отлетели, она тупо принимала окровавленные клочки, а по завершении действа как робот повернулась и ушла в дом. Про нее все забыли... Закурив сигарету, она легла на матрас, закрыла глаза и попыталась отключиться. Ей почти это удалось, когда в спальне послышался обрывок разгорающегося на берегу скандала. «Я не могу, мне жарко и плохо!» — «Нет, можешь! У нас мало дней, надо работать». — «Не могу! Демон, демон! Ты не знаешь, что хочешь! Только орешь! А вот сам попробуй!» — «Попробовать? Да, пожалуйста!» Наступила тишина. Взрослая женщина на коленях подползла к окну, и ее глазам предстала следующая картина. Местных демонов развелось немерено. Все они, включая обнаженную модель, с любопытством наблюдали за голым художником, неуклюже подскакивающим на песке. Он размахивал тощими руками, изображая, по-видимому, крылья. Мужское достоинство яростно болталось меж синеющих ног, грозя вот-вот оторваться. Зрители начали смеяться и аплодировать. Испарина покрыла лицо нашей музы, она медленно отвалилась от окна и сползла на пол...

Художник и модель работали до конца светового дня. Видно, своим героическим поступком он сумел пробить брешь, и работа наконец заладилась. С наступлением темноты они, довольные, вошли в дом и с удивлением обнаружили, что там никого нет. Художник торкнулся на кухню, в гостиную и решил, что муза устала и спит. Он открыл дверь спальни. На матрасе лежала записка. «Я уехала домой. Главное — не выходить из контекста. Удачи. Целую».

Глава 3

Эмоции: подавлять или управлять?

Эмоциональный интеллект

«Придавать стиль» своему характеру — великое и редкое искусство!

Фридрих Ницше. Веселая наука

Эта глава посвящена управлению своими эмоциями и настроениями, что многим кажется самым сложным. От природы мы можем быть флегматиками или холериками, впадать в меланхолию, а иногда, от случайного брошенного слова, — и в депрессию. И чаще всего мы не верим в то, что в состоянии облегчить себе жизнь, перенастроив природный эмоциональный фон на задачи перезагрузки и рестарта. А без такой настройки ничего не получится. Чтобы начать новую жизнь, надо постоянно, без травм и подавления личности, себя перенастраивать. Например, автор этой книги сильно отличается от себя в юности и даже от себя десятилетней давности.

Происходит рестарт, и необходимо справляться с новыми страхами, обидами и гневом. **Меняясь, мы меняем жизнь, а не наоборот.** Как пройти срединный путь между двумя крайними позициями? Одна: это мой характер и измениться я не могу. Вторая: я буду подавлять в себе все негативные эмоции любыми средствами ради достижения цели. В первом случае рестарт не получится. Во втором ваша нервная система и, соответственно, здоровье разрушится. **Срединный путь — путь аккуратного самомотивирования на корректировку своих эмоциональных установок.** Попробуем разобраться, что это такое.

Раз уж начали с Фридриха Ницше, то им можно и продолжить. Философ и поэт подметил, что человеку свойственны четыре заблуждения:

1) всегда считает себя несовершенным;
2) приписывает себе несуществующие свойства;
3) его всегда не устраивает собственное положение в иерархии окружающего мира;
4) постоянно ищет новые блага, которые на время провозглашает вечными и главными.

Только под влиянием четырех заблуждений у человека появляется чувство собственного достоинства и готовность любить ближнего своего.

По Ницше получается, что если перечисленное — заблуждения, то, отбросив их, человек потеряет опору в себе, а соответственно и достоинство и любовь к окружающим.

Можно ли опровергнуть эту логику? Конечно. Попробуем?

Итак, оппонируем первому заблуждению:

— в предыдущей главе мы договорились о том, что в человеке заложен бескрайний потенциал интеллектуальных, физических и эмоциональных сил. Искусство жизни в их развитии, а не в констатации факта несовершенства.

Второе заблуждение:

— приписывая себе несуществующие качества, мы идем по ложному пути самореализации, совершаем ошибки и впадаем в отчаяние. Проще в любом возрасте начать писать жизнь с чистого листа и корректировать характер в соответствии с новой идеей.

Заблуждение третье:

— иерархия в обществе — лестница, которая выстроена не индивидуумом, а поведением больших групп людей. К личному счастью это не имеет отношения. Легче стремиться к счастью, опираясь на поиски своего разума и души, а не соотнося постоянно себя с другими.

Заблуждение четвертое:

— мы случайно рождаемся и можем случайно в любой момент умереть. Но! Выйдя из вселенной, останемся ее частью и после смерти. Смерть неизбежна, а жизнь вселенной бесконечна. Ощущая себя ее частью, вы понимаете, что никакие блага при жизни не являются вечными. Есть всего лишь игра длиною в жизнь в поисках самого себя, и она зависит полностью от нас.

Если таким образом отречься от заблуждений, то любовь к ближним, чувство собственного достоинства, внутренняя мораль и нравственность не только останутся с вами, но и подкрепятся незримой силой, возникающей, когда вы в ладу с собой и людьми. И никакие негативные события не заставят вас сломаться. А ваш характер действительно обретет «стиль», о котором писал Ницше. Я бы определила его как **легкость ощущений сложного человека**.

Как же достичь этой легкости сложного человека в мире, где каждую минуту мы сталкиваемся с тысячью эмоций — своих и чужих. Об этом и пойдет речь ниже.

Эмоция и настроение

Еще раз напомню, что один из инструментов познания любого объекта — разобраться с его сутью. Можно войти в интернет и очень быстро запутаться. Можно вдумчиво и не спеша почитать специальную литературу. Можно, если таковой в наличии нет, соотнести свой опыт обуздания эмоций и его обобщать. Я опробовала все пути. Благо опыт у меня огромный — и в чтении, и в корректировке характера. Мне пришлось пройти три этапа становления: от замкнутой неуверенной девушки, переживавшей каждый косой взгляд месяцами, к буйному «анфан террибль», доказывавшему свою правоту по любому поводу, и наконец к сбалансированному игроку, управляющему своими настроениями, которые возникают как следствие разнообразных эмоций. Главной школой послужила, конечно, большая политика, где сдержанность не отрицает напора. Попробую обобщить весь свой субъективный опыт, а также выводы некоторых американских психологов и религиозных философов.

Прежде всего необходимо провести четкую границу между **эмоцией** и **настроением**. Мы ее не чувствуем, так же как не чувствуем границ подсознательного и сознательного. Но если ее определить, это очень облегчает жизнь.

Эмоция — это непродолжительная субъективная реакция человека на внешний раздражитель. Обычно за эмоциями признают четыре функции:

- мотивационно-регулирующая — помогает самореализации;
- коммуникативная — помогает выбирать линию поведения с другим человеком;
- сигнальная — позволяет сообщить людям о своих потребностях;
- защитная — спасает от угроз и обучает их избегать.

Вот некоторые из эмоций:

- радость;
- страх;
- волнение;
- интерес;
- удивление;
- обида;
- злость, гнев, ярость;
- смущение;
- жалость.

Все они и многие другие ведут нас по жизни, окрашивая мир в разные краски, побуждая к действиям или, наоборот, к пассивности. Лишившись эмоций, человек теряет человеческий облик, превращаясь или в растение, или в монстра. Так что эмоции, разные — и грустные, и восторженные — нужны для обретения вкуса к жизни, самообучения и любви. Поскольку эмоции — спонтанная реакция на внешние события, то в **большей степени** (степени(!), а не абсолютно) они — продукт нашего подсознания, где скопился весь наш потенциал выживания, как природный, так и приобретенный (см. главу 2). Фактически это и фильтр, и проводник между нами и большим миром.

А что же такое **настроение**? Это то, что следует за эмоцией. Установка **сознания,** или **психологическая установка**, основанная на логике и опыте. Например, нищий просит у вас денег. Первая, секундная реакция (эмоция) — жалость. Но потом заработает установка, и вы или дадите деньги, или нет. И у каждого действия будет своя логика. Поэтому-то иногда о взрослом человеке говорят: «У него детское поведение», то есть что он чувствует, то и делает, не включая сознание.

Настроение — штука сложная. Может длиться долго и мучительно, иногда всю жизнь. Оно тебя вроде бы и достало, а избавиться не получается, потому что и причины уже вспомнить невозможно за давностью лет. А если ты их и помнишь, то просто не можешь себя перестроить.

Все ученые и психологи пришли к выводу, что эмоция длится от секунды до, в некоторых случаях, 12 минут. Дальше накал спадает, и в силу вступает установка, то есть настроение. Для наглядности я сделала таблицу:

ЭМОЦИИ	НАСТРОЕНИЕ
— Свободны в проявлении, заложены в природе человека и от него не зависят;	— Несвободно, зависит от психологической установки;
— максимальная продолжительность около 12 минут;	— не имеет границ окончания, может длиться сколько угодно;
— причина со временем всегда ясна;	— вычислить причину очень сложно (зависит от характера, гормонального, нейронного фона и множества социальных факторов);
— помогают в жизни;	— создает кучу препятствий и трудностей;
— «фильтруют» мир, но период невосприимчивости мира короткий;	— фильтрует эмоции, искажает мир;
— больше работает подсознание;	— результат работы сознания;
— присущи всем представителям животного мира.	— присуще только человеку.

С изложенной теорией могут поспорить одни ученые и психологи и согласиться другие. Природа человеческой души и разума исследуется на протяжении истории человечества непрерывно. Но и биологи, и социальные психологи честно признаются, что мы только подступаемся к тому, что называется доказательным знанием о сути всего существующего. Я «забрала» эту теорию, так как она четко подтверждается моей практикой самообучения. Разграничение эмоций и настроения действительно облегчает процесс управления собой в ежедневном режиме, во всяком случае мне и всем, с кем я работала.

Итак, вывод следующий: эмоции любим и не трогаем. Подавление эмоций приводит к разрушению организма, загоняя все в почки, сердце и т. д. Главное — переждать накал не больше 12 минут, а чаще всего считаные секунды, а потом начинать работать со своими установками, выскакивающими, как чертики, отовсюду, изводящими нас дурацкими надеждами или бросающими в объятья жадных до наших душ уничижительных комплексов. Переждать эмоцию, не подавляя, очень трудно, но и очень легко. Для этого есть много способов: на что-то отвлечься, или постучать в туалете лбом об стену, или подышать глубоко несколько секунд. **Работа по терпеливому переживанию эмоций и управлению нашими настроениями и есть эмоциональный интеллект.**

Эмоциональный интеллект

Эмоциональный интеллект — это **сознательное управление настроениями** (не эмоциями!) **через перепрограммирование их на более сбалансированные установки**. В этом случае человек остается эмоциональным, но с последующим включением игры ума. Понимая, что после эмоции в голове возникает привычная установка, он активизирует другую часть мозга, до этого отдыхавшую, и, гибко анализируя ситуацию, меняет установку на более комфортную. Понятно, что при положительной эмоции можно отдаться радостной установке и ничего не менять. Можно, но не всегда. Предположим, в октябре друзья предлагают вам встретить Новый год вместе в путешествии. Радостное настроение может привести к тому, что вы перекроите все свои планы, и к сокрушительному отчаянию, если поездка вдруг сорвется. Например, из-за важной командировки друга. Но можно, испытав радость по поводу предстоящего совместного путешествия, включить другую установку: «Супер! Я готов, однако неизвестно, что будет через три месяца. Буду радоваться, а там как получится — вдруг что-то изменится?» В этом случае вы строите на будущее гибкие планы или вообще ничего не строите — как сложится... Позитив остается, но вы намного лучше подготовлены к неожиданным изменениям. **И все молча, про себя**, без публичного «всеравноничегоневыйдет» или загадочного ответа: «Посмотрим...» Радуйтесь и радуйте того, кто дарит радость вам. **Но внутренняя подстраховка всегда с вами**.

Или молодой человек объяснился девушке в любви. Она в восторге, эмоция положительная. Через 12 минут возникает установка, что он готов стать ее мужем и все серьезно. Он всего лишь сказал «Я люблю тебя», а она уже думает о свадебном платье. Через месяц она видит его случайно на улице с другой, и ее сердце разбивается на мелкие осколки. Альтернатива? Услышать «Я люблю тебя», бурно порадоваться 12 минут, а потом внедрить другую установку: «Он любит меня здесь и сейчас, и это прекрасно. А что будет дальше, посмотрим».

Эмоциональный интеллект проявляется через **осознанность** действий.

Осознанности уделяют много внимания и философы, и, например, далай-лама. Человек может любить получать знания. Но знания не есть осознанность. Применение знания порождает опыт. Повторение опыта в разных комбинациях приводит к его накоплению. Часто применяемый опыт порождает навык. Навык означает почти автоматическое переключение с одной установки на другую.

Самый понятный навык — вождение автомобиля. Опыт есть у многих, но не все обладают навыком. Последние водят машину почти автоматически, кажется — бессознательно. Но это не так. Достаточно выпить, и опыт срабатывает, а автоматический навык нет, и вы попадаете в аварию. Это значит, что, обладая навыком, вы достигаете высшей скорости смены сознательных установок. Именно поэтому при употреблении алкоголя навык отпадает. Вы, конечно, можете поспорить с этим. Но то, что я изложила, мнение далай-ламы и американских психологов. И я с ними согласна.

Сознание работает быстро, разнообразно и эффективно в зависимости от ситуации. Вот именно этот процесс и называется **осознанностью**! Примерно так я действую, работая с журналистами или в дебатах. Любая провокация порождает эмоцию, затем привычную установку (раздражение, ярость, злость и т. д.), а потом новую установку, возникающую наперекор ленивому мозгу.

Однажды во время дебатов меня обозвали Шариковым. Эмоция — растерянность (две секунды), автоматическая установка привычного «Я» — доказать, что я умнее, что я не Шариков (две секунды). Переустановка: мы — часть шоу, надо вызвать у людей смех, нужен неожиданный разворот ситуации. Нельзя доказывать, что я умная, — это будет выглядеть слабо и глупо. Я выдала следующее: «Шарикова сделали из собаки. Вы хотите сказать, что я — собака?» (Народ аплодирует и хохочет.) Две секунды — как вообще возможна такая скорость? Ничего подобного с детства не наблюдалось. Так что это? Навык, осознанное отношение к знанию через опыт.

С позитивом мы уже разобрались. Радостно и легко принимаем счастливое событие, не пытаясь «отлить его в бронзу».

Главная сложность — негативные настроения: подозрительность, страх, паника, злость — ярость — агрессия, раздражительность, скука, обида и многие другие. Под влиянием разных событий возникает негативная эмоция, а за ней следуют разной степени разрушительности установки бытового «Я». В этом процессе активно участвует еще и характер, часто усугубляющий ситуацию: природный темперамент, нарциссизм, меланхоличность и т. д. Становится совсем тяжко... Вот оно — поле для проявления вашего высшего разума, момент, когда нужно, подобно Мюнхаузену, вытянуть самого себя из болота привычного поведения.

На эту тему есть тома исследований, философских трудов, и даже заповеди — о том же. Я не буду пускаться в дебри науки и религии, а опишу свои инструменты и подходы, выработанные в страстном стремлении обрести опыт душевного равновесия, не теряя эмоций и гибкости в восприятии мира. Еще раз напоминаю, что все люди разные, а потому механически копировать мои методы бесполезно. Главное — запомнить основные принципы.

Самая распространенная и часто испытываемая эмоция — **обида.**

Правило №1. Дождаться, когда накал эмоции спадет. Для этого или потерпеть, если ситуация позволяет, или срочно сосредоточиться на дыхании, или отвлечься на другие события. Помните, что девятый вал самой сильной эмоции проходит быстро, максимум через 12 минут.

Правило №2. Отделить обидные слова от обидчика и проанализировать и то и другое.

Анализ слов: содержание, реальный наносимый ущерб сейчас и в будущем. Если слова справедливые, то принимаем решение исправиться. Если нет — отмахиваемся.

Анализ личности обидчика: вспыльчивый или нет, срывает плохое настроение на людях или нет, его самочувствие, повторяемость его негативных действий в отношении вас. После этого делаем выводы. Если все серьезно, предпринимаем шаги к изменению ситуации, если нет — плевать. Сам процесс анализа в такой последовательности уже ослабляет обиду или по крайней мере сокращает ее длительность. А если анализ еще и глубок и точен, обида уходит вовсе.

Попробуйте применить это на практике: вспомните, какая обида в вас застряла, и проанализируйте ее. Результат увидите сразу.

Пример: один человек довольно плотно вошел в мой круг общения, поскольку мы были связаны общим политическим проектом. А потом он как-то слил всю ситуацию да еще и опубликовал про меня безумную клевету. На меня накатила обида такого масштаба, что я готова была ринуться в бой, даже понимая огромные риски для последующей карьеры. Довольно типичная ситуация. Я начала анализировать произошедшее. Успокоилась и взяла текст статьи. Абсурдность претензий налицо, опубликовано в маргинальном издании. Связываться и устраивать публичную перепалку — только распространять ненужную информацию и подыгрывать изданию. Вспомните наезд Тинькова на блогеров. Результат нулевой, а шум поднялся такой, что нанес ущерб банку.

Затем я перешла к обидчику. Вспыльчивый, гордыня заела, циник и прагматик. Значит, кто-то сыграл на его амбициях, и он перешел на другую сторону. Публикация — часть его нового проекта. Ну что же, нормально. Это политика: здесь нет любви и верности, ничего личного. Знала, куда шла. Эмоции в сторону, такого хлама еще насыпят, и не раз, сотни других людей. Обида ушла настолько, что даже лень было не здороваться при встрече. Он кивнул, я кивнула. Все прошло, ни его, ни события нет. Это **прошлое**. **Здесь и сейчас** живем радостно. Вся жизнь впереди!

Страх, паника

Страх может возникнуть в качестве установки на короткий момент сразу после эмоции. Тогда его причина понятна. Но нередко он бывает следствием далекой эмоции, и тогда причина теряется в дебрях памяти и уже не осознается четко. Ребенок испугался, увидев змею в воде, а потом всю жизнь, уже став взрослым, боится… не змей, а плавать. Сейчас мы не обсуждаем психофизиологические фобии. Это тема для профессионалов — психиатров. Мы говорим о настроении в виде установки сознания нашего обыденного, привычного «Я». Очень часто мы оказываемся в плену страха, который мешает нам жить и быть счастливым, даже когда все идет не так уж плохо. Боимся быть уволенными, не сдать экзамен, не выиграть соревнования, остаться в одиночестве, смерти боимся, в конце концов! Боятся все и разного. Человек, не испытывающий страха, аномален и не в себе. Идея заключается не в том, чтобы не бояться (эмоция), а в том, чтобы управлять страхом-установкой и уметь ликвидировать его, работая более **высоким сознанием**, чем обыденное, **бытовое инерционное сознание**.

В 1993 году я решила избираться в Государственную думу по округу в Москве. На меня наехали бандиты, конкурировавшие со мной в лице своего кандидата. Вызвали на «стрелку» и пригрозили «замочить». Все было сказано в такой форме и в такой обстановке, что атмосфера страха должна была буквально захватить меня и скрутить по ногам и рукам. Что и произошло… Это продолжалось секунд 30. А затем от отчаянного желания победить я представила, что меня «замочили».

Просчитала варианты воспитания сына папой и поняла, что катастрофы не произойдет. Представила, что я отступлюсь от своей мечты под давлением конкурентов, стало совсем противно. И я решилась и послала их на фиг. Как видите, жива. Фактически я поступила как самурай, который, идя на смертный бой, умирает заранее. У него нет страха, он уже умер. Подобная же ситуация была, когда в 2002 году я ходила на Дубровку на переговоры с террористами. Вначале мне угрожали, но страх не победил меня. Я «умерла заранее» и победила его. Идею поняли? Инструмент похож на тот, что применяется в случае с обидой, но окончательное перепрограммирование происходит другим путем. После пережитой эмоции страха нужно пережить его еще раз в своем сознании и освободиться из плена, стать свободным человеком.

Этап I. Держим паузу и ждем, когда волна страха откатит (от двух секунд и дольше). Время наката волны всегда невелико (в отличие от обиды). Страх в виде эмоции никогда не бывает оформлен структурно, в нем нет конкретных черт и силуэтов. Это что-то вроде облака, беспросветно окутывающего с ног до головы. Оно не дает дышать, начинается сердцебиение и обильное потоотделение.

Этап II. Переждав волну, начинаем конкретизировать страх, придавая ему ясные очертания, обставляя декорациями и событиями. Мы представляем, что то, чего мы боимся, произошло. А затем еще 20–30 минут нашей жизни после события. Начинается работа высшего сознания, не подпускающего близко бытовое «Я» с его трусливыми «ой, не могу, боюсь». Это похоже на съемки фильма: привычная работа мозга подсовывает триллер, а мы наперекор ему снимаем или комедию, или драму с хеппи-эндом. Страх силен неизвестностью, наша работа — конкретизировать его в настоящем и будущем. В кодексе самураев это называется «умереть заранее» перед решающей битвой. Страх гибели уходит, и мы становимся точнее и сильнее противника. Привычные бытовые установки на страх — не выиграю бой, не сдам экзамен, останусь один (одна) — слепят глаза, забирают силы, убивают разум и будущее.

Этап III. После конкретизации страх уйдет. Выбрасываем весь фильм в воображаемый костер или камин, и вперед по жизни.

Давайте попробуем разобрать самые типичные случаи.

1. Боязнь, что она (он) уйдет.

   Женщины панически боятся остаться одни и живут, часто просто по привычке, страдая и тихо увядая. Однажды одна девушка после моей лекции рассказала историю: жила, как она выразилась, с «уродом». Любила его и боялась остаться одна. Потом, дойдя до отчаяния, представила, как спокойно она будет жить в одиночестве. И ушла от его денег и дома в никуда. Вернулась к маме, устроилась на работу. В заботах о выживании страдать было некогда. Незаметно пришла в себя, успокоилась и… вышла замуж и родила троих детей. Сейчас работает, живут в любви, выглядит потрясающе. **Рестарт пошел**!

2. Боязнь начать новую жизнь.

   Представьте, что вы так и будете жить до смерти, и станет еще страшнее. А потом представьте, что вы, продолжая прежнюю жизнь, начинаете перезагрузку и рестарт параллельно, пока что не разрушая привычный уклад. Страх уйдет. Захочется сделать что-нибудь — и побыстрее.

3. Боязнь проиграть соревнования.

Представьте, что это случилось. Как будете жить дальше? Захотите, начнете готовиться к следующим. Не захотите, решите, что это сигнал оставить спорт, уйдете и начнете свой рестарт!

4. Боязнь стать безработным.

Представим, что вас выгнали. Подсчитайте, на какое время хватит денег, что можно в крайнем случае продать. Какую работу будете искать, чем во время поисков можно будет подзаработать. Я, например, готова быть барменом, заодно можно с людьми поговорить. Помните фильм «Мои черничные ночи» Вонга Карвая? Лавры Джуда Лоу, стоящего за стойкой бара, очень для меня привлекательны.

Вывод: страх уходит, когда вы его конкретизируете. После визуализации страха сожгите картинку в воображаемом огне и вперед. Рестарт всегда возможен.

Подозрительность

Один раз заметили что-то не то, или нашептал коллега, друг и т. п., и нахлынуло… Через минуту пошла бытовая установка, и вы начинаете ДОДУМЫВАТЬ. Затем скрупулезно собираете якобы доказательства, и жизнь превращается в сплошную муку.

Что делать? Ответ на поверхности. Решайтесь и вызывайте человека на откровенный разговор. Начальнику: «Вы решили меня уволить? Это правда?» Коллеге: «Ты за спиной сплетни распускаешь про меня? Зачем?» Любимому (любимой): «Ты мне изменяешь? Больше не любишь?»

Пример: я работала ассистентом на кафедре политэкономии, и меня начал выдавливать доцент, серьезный дядя, с целью устроить на мою ставку своего человека. Человек восточный, опытный, стал действовать исподтишка, за спиной распространяя слухи о моем характере и квалификации, несмотря на то, что студенты меня обожали, я писала интересную диссертацию и прослыла как раз не по годам умной. После Госплана я с трудом, с моей-то фамилией и родственниками в Японии (5-й пункт по классификации КГБ, не дающий возможность работать в некоторых областях), нашла работу по любви и диплому. И вот те на. Обуяло подозрение, что потеряю место. Причем открыто со мной никто не боролся, все формально, вежливо. Я думала-думала и, уяснив, что все равно мне никто не поможет, решила действовать. Вызвала его на беседу и в глаза заявила, что интриги за спиной не делают чести мужчине и ученому. Пусть все выскажет напрямую. А в конце еще и сблефовала, намекнув, что у меня такие связи в ЦК КПСС (!), что скорее он наживет неприятности, чем я. Смешно, но дядя поверил, так как я уверенно сыграла на страхах его поколения. Бороться со мной он перестал, а через полгода и вовсе уволился.

Так что подключайте более высокое «Я» и снимайте подозрения прямо и без обиняков. Конечно, есть риск не победить. Но в таком случае всегда можно начать рестарт. Все будет интереснее и энергичнее, чем отравлять себе жизнь подозрениями.

Ярость, гнев, злость, агрессия

Яркие существительные, означающие такой прилив крови к вискам и повышенное давление, что вы готовы крушить все и всех вокруг. Как в такой ситуации себя вести? Чтобы быстро сменить установку, повторяем выученный алгоритм:

1. Ждете, чтобы кровь отхлынула, и восстанавливаете дыхание, замедляя его и делая более глубокие вдохи. Это особенно полезно при панике и спасет вам жизнь в экстремальной ситуации. Вы даже не представляете, какой мощью обладает ваше сознание при регулировании организма (на это уйдет от одной до трех минут). В случае, когда это не удается сделать быстро или вы находитесь в публичном месте, извинитесь и идите в туалет. Пока дойдете, перебеситесь в кабинке, эмоция закончится (напоминаю, что она длится не больше 12 минут).
2. Начинается работа сознания.

Здесь помогают несколько **памяток**:

— разрушить легко — на это порой достаточно одной минуты, а на восстановление уйдут годы;

— разрушительная энергия обесточивает организм;

— агрессия обязательно к вам вернется, как бумеранг, вы множите врагов вокруг себя;

— сильный не злится и не впадает в ярость. Самодостаточный человек спокоен как скала. Подобный образ производит большее впечатление на окружающих. Можно вспомнить любимого супергероя из Голливуда, благо их там пруд пруди.

После таких замечаний вы успокоитесь, а дальше у вас несколько сценариев поведения.

Сценарий №1: «проехали», т. е. забыли и пошли дальше согласно своему жизненному плану. Ответили: «Пойду подумаю».

Сценарий №2: перевели агрессивное настроение в конструктивную беседу с целью поиска компромисса. Ответили: «Что-то в этом есть, давай уточним».

Сценарий №3: очень редкий, лучше им не увлекаться. Удерживая установку на гнев, вы сознательно направляете его на оппонента с целью победить (например, во время дебатов на ТВ или значимых семейных разборок, когда нужно показать, что ситуация для вас неприемлема). В этом случае все происходит **не в первые секунды (!)**, а погодя, когда первая эмоция ушла. Этот сценарий нельзя осуществлять в состоянии аффекта! Вы в этом случае хладнокровно используете управляемый гнев для достижения поставленной цели, которую четко для себя сформулировали.

Эмоций много, расписывать их можно до бесконечности. А уж привычных установок-настроений столько, сколько людей. Так что заканчиваю. Инструменты управления настроениями вам теперь понятны. Глава очень актуальная и нужная, поэтому подведу итоги.

Выводы

1. Характер можно корректировать, придавая ему «породу» и «стиль».
2. Необходимо различать эмоции и настроения. Эмоции присущи всем и полезны. Настроения — продукт характера и социального опыта, и чаще всего они не идут на пользу.
3. Есть привычное «Я» бытового сознания, а есть высшее «Я» интеллекта. Счастье зависит от умения первое подчинить второму.
4. В любом случае эмоция проходит **максимум** через 12 минут, чаще быстрее. Дальше все зависит от вашей установки (настроения).
5. Эмоциональный интеллект — способность управлять своими настроениями, а не эмоциями.
6. Настроения у всех разные и зависят от личных факторов. Готовые модели — профанация. Используя все перечисленное, создавайте собственные инструменты перепрограммирования своих настроений.

Перерыв, отдыхаем!

Отступление №3

Мадам, я люблю тебя

Она всегда корила себя за неумение ничего не делать. Отдых прекрасен в своей бессмысленности. Но с возрастом бессмысленность, вместо того чтобы дарить легкость бытия, начинает поддавливать, намекая на возраст, вечность и прочую грустную бытовую метафизику. Так и получилось в этот долгожданный после дикой загрузки отпуск. Лежа в элегантном купальнике на пляже Лазурного Берега с друзьями, Татьяна скользила взглядом по чуть оплывшим телам среднего класса западного мира и с удовлетворением отмечала их отличие от отечественных. Молодые не так уж стройны, пожилые не так уж страшны, чувства облагорожены культурной традицией и не проявляют себя изнурительно откровенно. «В Европе системная скука — признак породистой жизни. А мы, без роду и племени, все бесимся», — подумала Татьяна, переворачиваясь под ласковым солнцем на живот. Уткнувшись в соломенную подстилку и почти уже погрузившись в летнюю дрему, она успела подумать: «Я заслужила немного цивилизованной скуки, как хорошо...» — и заснула.

Вечером, переодеваясь к ужину, осмотрев придирчиво себя в зеркале, Татьяна отметила бронзовый блеск шелковой кожи, подтянувшийся живот и сделала вывод: для 45 совсем неплохо. Организм реанимируется буквально за день, а впереди их целых 14. Испугалась, но тут же отогнала дурацкую мысль, а точнее сформулировала по привычке в ответ на мелькнувший «женский» тезис «мужской» антитезис. Да, муж где-то затерялся на яхте, но любит ровно так, как это возможно после 18 лет брака. Да, фигура не фонтан, но кожа! Да и намек на спортивность остался. И вообще, аристократ духа не живет в накачанном упражнениями «диетическом» теле. Дети почти взрослые, карьера блестящая и привычная, отдых заслуженный. Что еще надо?! «Как что? — ответило отражение в зеркале. — Энергии и чувств молодости!» «Ну и дура», — в сердцах бросила женщина, натянула платье и вышла из комнаты.

Прошло десять дней. Друзья не утруждали умными беседами о будущем России, тело в результате баланса солнца, морской воды и морепродуктов благодарно постройнело. Муж наконец проявился и натужным голосом издалека заявил, что соскучился и ждет уже в Москве. Дети отписались, на работе ждали. Среднеевропейская благородная скука была принята, возведена в стиль и — о боже! — наконец почти прожита. Колючие вопросы и ответы в диалоге с зеркалом постепенно рассеялись в воздухе, полном озона и острых ароматов. И наконец смолкли, как неожиданно смолкают цикады после заката солнца.

В один из последних дней компанию посетил общий знакомый, специалист по пиару. Как все пиарщики, избыточно коммуникабельный, легкий и веселый. Он тут же заявил, что от буржуазной размеренности у всех свело скулы и надо встрепенуться. А точнее, кинуться в пару-тройку мест к знакомым, разбросанным по снятым на Лазурном Берегу виллам, а потом всем кагалом приземлиться в знаменитом ночном клубе в Сен-Тропе. Компания крякнула, но согласилась. Движуха так движуха. Потратив около пяти часов на бесконечные перекусы и восхищения дизайном и декором мраморных обиталищ, устав от бессмысленности задора, наконец где-то к двум часам ночи осели в клубе. Потягивая коктейль и наблюдая за обдолбанной золотой молодежью, восторженно подергивающейся в такт чему-то ритмичному, Татьяна с горечью признавала, что молодость прошла, а героев романов Ивлина Во из них не получилось. «Порхать, перелетая с одного места на другое, с одной темы на другую, ни о чем не задумываясь, но получая удовольствие — это искусство, которым я не владею», — констатировала женщина и посмотрела на часы. Три часа ночи! Все засобирались, облегченно оправдываясь дальней дорогой. Компания двинулась на парковку, а Татьяна решила забежать в туалет.

Помещение неожиданно оказалось пустым, тихим и белым пространством. Мрамор, золотые краны, молчаливые умывальники, выстроившиеся в ряд, величественно контрастировали с шумной толпой клуба. Похожий на храм, туалет вызывал к себе искреннее уважение. Может быть, этому способствовала гулкая тишина, а может — выпитый коктейль. Татьяна робко подошла к умывальнику, осторожно отвинтила кран с холодной водой. Приблизила почти вплотную лицо к зеркалу и внимательно посмотрела отражению в глаза. Там столько всего намешалось! Опыта разного, разного… И где-то на самом дне вопрос. Удивление и вопрос о чем-то оттуда, из юности, от смешной и неуверенной в себе девчонки. Татьяна замерла, пытаясь сформулировать вопрос конкретнее, и в этот момент с ужасом почувствовала на своих бедрах нежные и одновременно сильные ладони. Кошмар усилился отсутствием кого-либо в зеркале позади нее. Тишина и больничный мрамор враз слились в угрожающий морок. Голова опустела, мозг отказался подавать какие-либо команды. Растеряв все элементарные социальные реакции, Татьяна неестественно долго, как в замедленном кадре, начала разворачиваться навстречу ужасу. Чужие ладони крепко удерживали ее, но не мешали двигаться, плавно скользя по телу. Наконец кадр остановился. Прямо перед ней на коленях стоял мальчик фантастической красоты. Белокурые локоны до плеч, распахнутые и округлившиеся от избытка экстази голубые глаза, пухлый подростковый рот, чувственные губы, бледная кожа, прямо герой Томаса Манна из «Смерти в Венеции». Он обнял Татьяну еще крепче, поднял свое прекрасное лицо и молитвенно прошептал: «Мадам, я люблю тебя». Это «мадам, я люблю тебя» из шепота превратились для Татьяны в почти органную фразу, разнесшуюся по кабинкам, оттолкнувшуюся от крышек унитазов и полетевшую туда, туда, наверх, в небеса. «Мадам, я люблю вас!» — повторял мальчик, и женщина слушала его и гладила по голове. Наконец она пришла в себя. «Милый ребенок, ты перепутал туалет. Сейчас я отведу тебя в мужской», — по-французски приговаривала она, подталкивая мальчика к выходу.

Когда миссия по спасению заблудших ангелов была выполнена, Татьяна, выходя, заглянула в зеркало. Глаза смеялись, а вопрос исчез.

Глава 4

Я и Они
(эмоциональный капитал)

Три предыдущие главы были посвящены раскрытию резервных сил индивидуума. И интуиция, и начало новой жизни, и перепрограммирование настроений создают образ жизни, максимально независимый от социума, что есть внутренняя свобода. Но человек — об этом еще Карл Маркс писал — существо общественное. Быть абсолютно свободным от среды невозможно, если мы хотим обрести речь, навыки самореализации и личное счастье. Причем как только мы выходим на общение с другими, явно или скрыто проявляется не только наше «Я», но все традиции общества и семьи, в которых мы выросли.

Как-то я читала студентам МГИМО лекцию на организованном Юрием Кобаладзе курсе «социальный нетворкинг». Юрий Георгиевич не зря затеял эту программу. К моему огорчению ничего подобного в России не преподают ни в школах, ни в вузах. А по-честному, начинать надо бы в детском саду, не говоря уже о семье. Перед лекцией декан факультета рассказал об интересном наблюдении одного из западных психологов. Оказывается, язык и манера донесения своей мысли очень сильно окрашены национальными традициями. Психолог наглядно представил соответствующие схемы.

Английский у англосаксов:

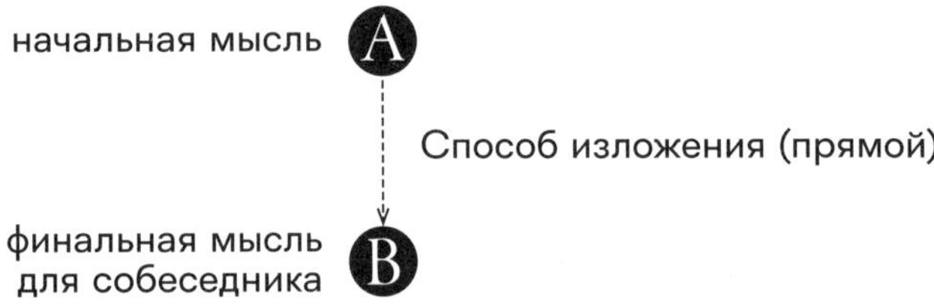

Китайская манера

Русская манера

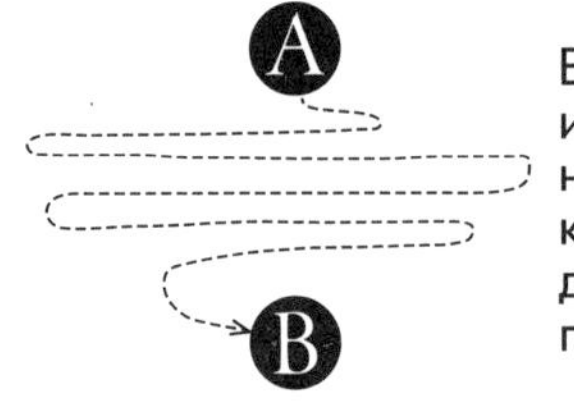

Беспорядочно и постоянно отвлекаясь на второстепенные комменты «про себя», доносим наконец главную мысль

Обратите внимание, как отвечают политики на вопросы журналистов. Вместо того чтобы четко и лаконично высказаться по делу, они бесконечно отвлекаются и в результате ответа на вопрос так и не дают. Иногда они поступают так специально, но чаще всего непредумышленно. Именно поэтому у нас часто называют харизмой просто редко встречающееся умение говорить по существу.

Угадайте мою манеру, судя по прочитанным главам. Выберите мою схему, а потом вычислите свою. Неплохое упражнение — посмотреть на свою коммуникацию со стороны.

Понятно, что наглядные схемы — всего лишь графические упрощения. Существуют тысячи исключений, и они найдутся и среди читателей этой книги. Но характерная особенность подмечена очень точно. Причем в разных моделях проявляется столько национальных особенностей, что на эту тему лингвисты пишут диссертации.

В свое время, особенно попав в политические жернова, я попыталась ответить на один вопрос: а могу ли я перепрограммировать свою автоматическую привычку поведения в социуме с целью сделать ее более комфортной и успешной?

Личностные стартовые данные на тот момент были таковы:

- интроверт;
- не любила общаться с незнакомыми людьми;
- ранима;
- эмоционально тороплива, простодушно шла напролом, не учитывая среду, и т. д.

Все перечисленные качества явно мешали мне в бесконечной конкуренции с экстравертами. Я многого добилась, но после победы на парламентских выборах в 1993 году оказалась в тупике. Дальше дело не шло, а вызовы социума оказались слишком сложны: общение с политиками всех рангов, дебаты, публичные выступления, лоббирование законов, министерская должность, лидерство в партиях, беседы с жителями, выступления на стадионах во время выборов. Представляете, сколько всего пришлось передумать и переделать в отношениях «Я и Они», чтобы пробиться наверх, начав с нуля? Я решительно настроилась на то, чтобы менять общение с миром, и продолжаю делать это и сейчас. Процесс нескончаемый, так как постоянно меняемся и мы, и мир (см. предыдущие главы).

Кстати, обретенные тогда новые навыки помогли и в дальнейшем. Представители поколений Y+ и Z мыслят квантами (мышление в непрерывной волне, без разрыва на блоки и логические цепочки между ними). Человек квантового мышления очень быстро охватывает тему на более высоком уровне, чем тот, что ему предлагают. Например, мне предлагают поучаствовать в бизнесе по разработке рудника. Это не мое, но я отказываюсь еще и потому, что конъюнктура мировых цен на руду и новые технологии делают этот бизнес неперспективным. Причем я это скорее чувствую, чем анализирую.

При таком подходе с человеком нельзя говорить на языке только «выгодно — невыгодно», «купи — продай» и т. д. Здесь требуется постоянно учитывать целостную картину восприятия собеседника с его «Я» во главе с одним критерием «нравится — не нравится». Современная молодежь идет за кайфом, притом считает как компьютер, хотя вида и не показывает: делает только то, что нравится, но свой интерес, в том числе и материальный, держит в уме. У молодых нет явных приоритетов и иерархии ценностей. Все и сразу. Но, поскольку я научилась искусству коммуникации в прошлом, мне теперь легко говорить с ними о будущем.

«Я и Они» — в чем проблема?

«Я» — это наше эго. «Они» — среда. Эго воспринимает среду как нечто внешнее и враждебное. Подобное отношение является продуктом биологического выживания в условиях конкурентной матрицы. В психологии этот конфликт определяют как борьбу индивидуального сознательного с коллективным бессознательным (матрица). Три предыдущие главы должны были помочь нам справиться с собой. А как справиться с «Ними», наладив органичные нашему новому «Я» отношения? Как мы уже знаем, сознание человека заполнено тоннами его установок (настроений), а среда — это скопление устоявшихся чужих настроений. В результате и в социальной жизни, и в бизнесе мы бесконечно, часто впадая в отчаяние, проходим сквозь череду конфликтов. Итак, попробуем разобраться, как навык управления личными настроениями можно конвертировать в бесконфликтное общение с социумом.

Как всегда, начинаем с уточнения понятий.

Эмоциональный интеллект (Э. И.) — управление настроениями.

Эмоциональный капитал (Э. К.) — умение монетизировать Э. И. в социуме и в бизнесе, то есть превращать искусство общения в источник дохода.

Конфликты — столкновение противоположных интересов или настроений (см. главу 3).

Обратите внимание на определение конфликтов: они есть проявление несовпадения **интересов** (не эмоций) или взглядов, то есть установок (настроений). Разницу после прочтения предыдущей главы вы прекрасно понимаете.

Итак, Э. К. — то есть монетизация настроений — происходит в два этапа:

этап I: снятие конфликтов;

этап II: соединение интересов.

Этап I
Снятие конфликтов

В основе конфликта, как мы поняли, лежит противоречие между личными амбициями, экономическими интересами (доход, прибыль) и социальными ролями (кто хозяин ситуации). Как справиться с личными проблемами, мы уже разобрали (см. также книгу «Дао жизни»), теперь перейдем к конфликтам.

Мой опыт показал, что снятие конфликта происходит следующим образом:

1. Выход из привычной матрицы.
2. Включение эмоционального интеллекта.
3. Отделение интересов людей от вашего восприятия их образа.

Используя этот подход, попробуем разобраться с разными видами конфликтов.

Социальные конфликты

Порождаются различиями в установках, влекущими за собой непонимание и враждебность. Возникают, например, в семье (у мужа установка, что место женщины — дома, с детьми), между взрослыми и детьми (у взрослых установка, что они мудрее и имеют право диктовать свою волю детям), в общении с гаишниками (все установки и так понятны), между соседями (например, один пытается учить другого жизни), между родителями и учителями (учителя обвиняют родителей, и наоборот). Список можно продолжать бесконечно. Все эти установки формируют матрицу, где каждый стремится быть победителем (см. также книгу Андрея Курпатова «Красная таблетка»[11]).

1. Чтобы выйти из матрицы, необходимо изменить цели. Заменяем понятие «победитель» на принцип «бесконфликтность». Почему? Потому что с табличкой «победитель» вы не выйдете из конфликтов в счастливую жизнь, вас вынесут с ней на груди вперед ногами прямо… в морг. Социальные конфликты забирают энергию и тотально снижают качество жизни. Социальное общение прекращается только при переходе в сон или уединение. А это редкие часы. Активная жизнь проникает в вас по 16–18 часов в сутки. Побеждать бессмысленно, проще и интереснее договариваться.

   Пример: муж — жена. Она устала от домашнего быта, а он устал от работы. Вечером конфликт, каждый хочет победить: он смотреть телевизор, а она — отдыхать, а не кормить ужином. Выход — пойти в кафе по соседству и смотреть телевизор или слушать музыку там. Вообще полезно, по примеру французов, отыскать рядом с домом

[11] Курпатов А. Красная таблетка. — М.: Капитал, 2018.

любимое тихое место и бегать туда изредка без повода, наперекор бытовухе.

Пример: родители — дети. Родители: надо читать книги. Дети: не хотим читать книги, хотим тусовку. Выход: идите на умную тусовку с умными друзьями и возьмите детей с собой. Если вы обсуждаете интересное умное кино или книгу, а они просто сидят рядом, на следующий день и кино, и книга уже будут в их компьютере. И никакого насилия. Главное — в вас: есть ли такие друзья, тусовки и что смотрите и читаете вы.

Пример: учителя — родители. Учителя ругают ребенка. Родители защищают его и забирают в другую школу или наказывают. Сплошные конфликты. А можно стать ребенку другом и вытащить из него все его страдания, разобрав причины проблем. Выстроить ему мотивацию для другого типа поведения, а учитель будет только рад, потому что проблема решится.

Пример: соседи и вы. Когда мои мальчишки были маленькими, соседка снизу вызывала милицию каждый раз, когда они бегали по квартире. У соседки детей не было. Встретив ее в лифте, я сказала, что у меня есть связи и я могу помочь ей быстро переехать в другую квартиру, где все соседи старенькие и без детей. Типа в Печатники или в Марьино. Поскольку мы жили в центре, соседка на всякий случай перестала вызывать милицию, так как слово «связи» ее сильно напрягло. Как вы понимаете, я ими не обладала, но конфликт сняла.

Примеры можно продолжать до бесконечности, а вы сами можете научиться выстраивать модели поведения. Держите в голове только одно: **бесконфликтность** (!), что означает запрет на выяснение отношений с отстаиванием своей позиции. Последнее делаем редко и очень-очень-очень по существу.

2. Включаем эмоциональный интеллект при каждом конфликте (см. предыдущую главу) и перепрограммируем свои личные инерционные настроения (установки). В этом случае выход из конфликта находится быстрее.

3. Отделяем интересы от восприятия образа собеседника. Как это сделать?

   Пример: случай в аэропорту. Я была на тот момент министром правительства, вводила упрощенные налоги для малого бизнеса. Поехала с друзьями отдыхать, взяла ребенка (10–11 лет) и решила за компанию не пользоваться отдельным ВИП-сервисом. Пошла общим порядком, забыв справку — разрешение мужа на вывоз ребенка. Естественно, меня не пустили. Я потребовала встречи с начальником службы и вскоре оказалась в его кабинете. Молодой, хмурый, застегнутый на все пуговицы чиновник. Я отжала из себя всю вежливость, любезность с привкусом самоунижения, чтобы добиться вылета. Следовала принципу бесконфликтности. Ничего не помогало. И тут меня осенило: его интерес — победить, причем не меня, а всю иерархию высшей власти в моем лице. Всех этих звезд, не вылезающих из телевизоров, и больших начальников. Я поняла, что делать. Дословно я выдала следующее: «Я полчаса вас уговариваю, не пользуюсь своим статусом министра. Я могла бы позвонить даже президенту, но не делаю этого. Как вы думаете почему? Потому что здесь — аэропорт и здесь вы — президент». Через десять минут я сидела в самолете.

Этот пример хорош тем, что наглядно демонстрирует основные идеи:

а) я не стала скандалить, используя свой статус, так как в этом случае пришлось бы подключать кучу людей, и самолет улетел бы, тем более был выходной день;

б) человек был мне крайне неприятен. Но я смогла выбросить его образ из головы и, как хирург, отделила персону в его лице от его интересов. Сосредоточилась на его интересах и тут же проблему решила.

Бизнес-конфликты

Из всех видов конфликтов те, что возникают на почве бизнеса, снимаются легче всего. Причина в наличии четкого критерия успеха — это прибыль (для собственника) или доход (для наемного работника). Хотя, как я уже отмечала, поколение Z в большей степени ориентировано на кайф самореализации. Но об этом мы поговорим чуть позже.

Управление конфликтом означает его прогнозирование, регулирование и разрешение. Без контроля обойтись невозможно, так как за бизнес-отношениями стоят абсолютно конкурентные интересы. Все хотят карьерного успеха и борются за доход. Попробуем применить вышеописанный универсальный подход: выход из матрицы, включение Э. И. и отделение интересов от образа.

Чаще всего вы пытаетесь наладить отношения в двух случаях:

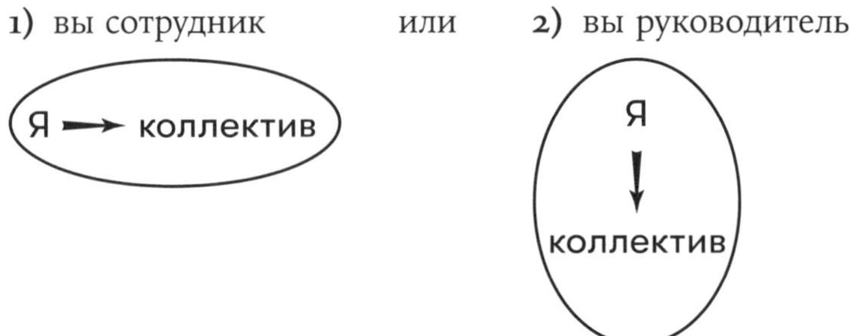

Фактически, что по горизонтали, что по вертикали, вы стремитесь стать главным не по должности, а по навязыванию вашей модели поведения всем остальным. Не выйдет, и вы станете жертвой и тихо согласитесь на моральное заклание в честь бога «Корпорация». Выйдет, и на время вы бог, пока не придет кто-то покруче. Голливуд выпускает на эту тему тонны кино. Вполне типичная жизнь в корпорации, порожденная матрицей «победитель». И на нее уходит прорва сил и нервов. Гораздо эффективнее выйти из привычной модели.

Шаг 1. Входим в другую матрицу — условно назовем ее «прибыль или доход». Теперь эта цель становится определяющей. Архетипичное поведение забываем, ориентируясь на выгоду. Получили нужный коммерческий результат — победили, и не других, а себя, так как пришли к тому, ради чего в конечном счете нанимались в корпорацию или создавали ее.

Шаг 2. Чтобы справиться успешнее и подойти к новому целеполаганию, включаем Э. И. (см. предыдущую главу) и убираем старые установки в голове при вступлении в деловую среду. Помним! Бизнес ориентирован на прибыль, поэтому «бесконфликтность» по примеру социальной среды не работает. Иногда конфликт нужен, главное, чтобы он управлялся в нужных целях.

Шаг 3. Бизнес-конфликт порожден сферой зарабатывания денег. Чтобы наладить отношения с людьми, необходимо вычислить их бизнес-интересы, а чувства, эмоции, настроения выбросить из головы. Главная технология — при каждом конфликте искать баланс «Я2Они» по типу «B2B», соединять интересы.

Пример: сейчас я справляюсь со своими проектами, и главное среди них — лекции, в команде из трех человек: кроме меня, в ней есть директор и личный помощник. Но всем кажется, что я окружена диким количеством специалистов в области пиара и маркетинга, стилистами и т. д. И все ищут ту тайную силу, которая держит меня на плаву. А ее нет. Просто четко распределены все функции, согласно интересам, а не схожести психотипов по принципу свой — чужой, нравится — не нравится, — это раз. И, во-вторых, притекает и утекает много крутых, независимых людей, которым выгодно мне помочь, реализуя при этом свои интересы. Каждая история не вечна. И хорошо. Квантовая жизнь ближе органике эпохи перемен. Нет ничего статичного, перемены, как смены дня и ночи, создают феерический праздник жизни. А конфликты? Конечно, они есть, но управляемые мною. Я управляю интересами членов команды, а не их настроениями. Последние меня не интересуют.

Теперь переходим ко второму этапу реализации монетизации Э. И., то есть создания Э. К. (эмоционального капитала).

Этап II
Соединение интересов

Монетизация на этом этапе носит бизнес-характер. Весь свой новый «EQ» вам необходимо бросить на создание команды. Без навыков в области Э. И. и первого этапа создания Э.К. ничего не выйдет. Но, если вы обрели опыт в этих областях, можно двигаться дальше. Эффективные команды создаются с помощью моделей управления.

Командообразование, или Управленческое моделирование

Управление коллективом изнутри и сверху — это управление чем? Эмоциями? Настроениями? Интересами? Или всем вместе? Попробуйте ответить правильно, ведь вы уже изучили предыдущие главы. Так и хочется ответить: «Всем и сразу». Но тогда точно вынесут вперед ногами. Сил не хватит. Давайте расставлять приоритеты. Систематизация вмиг поможет их найти. Соединяем интересы ➞ получаем бесконфликтные коллективы ➞ направляем на главную цель — «доход, прибыль» ➞ получаем модель управления ➞ эффективно зарабатываем.

«А как же эмоции и настроения? — спросите вы. — Люди все такие разные». Сфера эмоций включается в модель управления: вы должны внедрить в нее позитивный эмоциональный фон (как перемену с играми в школьное расписание уроков). Как мы выяснили, эмоции не поддаются управлению, нужны человеку и длятся недолго. А настроения, социальные стереотипы различных человеческих установок? Эта работа вам не по силам. Пытаясь примирить стороны, вы потеряете бизнес, потому что станет не до него, или утонете в океане человеческих комплексов. Для этого есть психологи, которых надо иметь на аутсорсинге, как бухгалтеров, которые обслуживают несколько предприятий. Психолог, принимая людей, гарантирует анонимность и решает задачу приведения каждого человека в сбалансированное состояние.

Итак, в модели управления необходимо соединить интересы отдельных работников с корпоративным интересом, то есть получением прибыли. Все сводится в конечном счете к прибыли. Модели управления интересами зависят от типа технологической эволюции.

Промышленная эпоха — вертикально ориентированные команды. Главный гений управленческой сферы — Генри Форд.

Информационная эпоха — лидерские команды со смешанной вертикально-горизонтальной ориентацией. Гении эпохи — Билл Гейтс, Стив Джобс, Ричард Брэнсон.

Сетевая эпоха IT-бизнеса — горизонтально ориентированные команды. Гении эпохи: Марк Цукерберг, Олег Тиньков, Павел Дуров, Сатоси Накамото (псевдоним человека или группы людей, которые разработали и ввели биткоин), Виталий Бутерин (автор проекта Ethereum).

Команда эпохи будущего при доминировании искусственного интеллекта — сообщество интуитивных людей, обладающих всеми степенями свободы (см. Введение).

Если еще недавно востребованным на рынке специалистом был символьный аналитик, то теперь на наших глазах побеждает мощный компьютер, работающий в Big Data — осуществляющий перебор и анализ больших данных с целью достижения поставленной задачи. Искусственный интеллект выталкивает с рынка аналитиков и способствует вовлечению в корпорации творческих людей, способных поставить задачу компьютеру или найти креатив там, где компьютерный мозг выдает, пусть и очень быстро, унылый стандартный результат. Что делать в этой ситуации, как соединить всех этих сумасшедших творцов с их непонятными интересами? В чем специфика бизнес-интересов специалистов современной эпохи? Давайте разберемся с этим вопросом. Во всем мире эти специалисты-творцы:

— настроены в большей степени на создание продукта, а не просто на получение дохода, хотят работать в кайф;

— в приоритете у них — быть брендом, значимым профессионалом, а не начальником;

— в свободное время предпочитают, даже будучи семейными, не сидеть дома у телика, а получать впечатления (спорт, игры, кино, клубы, современное искусство, путешествия, музыка и т. д.), свободное время для них — особая ценность наравне с семьей и другими материальными благами;

— предпочитают широкое сетевое общение по интересам;

— любят набирать навыки в самых разных областях, часто не связанных с основной работой;

— индивидуалисты, требуют уважения, не терпят иерархического подавления.

Именно в силу специфики нового рынка и его лидеров распространяются идеи Кремниевой долины в области управления — аджайл. Это система, построенная на принципе: идеальные продукты создают команды самостоятельных профессионалов. В этом случае работает самомотивация, а количество менеджеров сокращается. Первыми вылетают менеджеры среднего звена как дорогие никчемные контролируемые посредники. Недаром в Mail.ru говорят, что теперь не специалист подчиняется менеджеру, а менеджер обслуживает специалиста только в тех случаях, когда в этом возникает необходимость.

В таких моделях в паре «внутрифирменная конкуренция — солидарность» побеждает солидарность. Не более десяти человек в команде связаны одним этапом проекта или небольшими отдельными проектами. Почему они готовы бесконфликтно соединять интересы? Потому что группа состоит из «профи» разных направлений и никто не может выдать продукт в одиночку. А основная оплата происходит только после получения продукта и продажи его на рынке. Для поддержки — средняя или минимальная ежемесячная фиксированная сумма. Проекты могут конкурировать друг с другом, но внутри команды — профессиональная солидарность. Как только вы меняете модель в эту сторону, функционалы уходят, приходят профессиональные творцы. Подобные принципы учитывают эмоции. Исчезают кабинеты, офисная одежда и куча начальников. Конфликты публичны, прозрачны и снимаются корпоративными институтами (проектная конкуренция, психолог, третейский суд и т. д.).

Вся система построена не на страхе, а на мотивировании к созданию продукта. В таких корпорациях офис — место самореализации, а не только зарабатывания денег. Людям дают возможность:

- раскрыть творческие способности;
- развить горизонтальную коммуникацию;
- обрести эмоциональный капитал.

Как решается проблема эмоционального фона? Через баланс «работа — свободное время». Тут пока действуют две основные модели:

- сокращение рабочего времени + работа дома;
- переплетение развлечений с основной деятельностью на работе.

Идея в том, чтобы внести в ежедневную работу как можно больше «фана».

Чем меньше предприятие, тем больше используется первая модель, чем крупнее и богаче — вторая. При второй модели, как в Mail.ru, вы найдете на работе и тренажерный зал, и бассейн, и йогу и т. д. В этом случае работник более энергичен, готов к рестартам и инновациям в компании.

Общее — рабочий день не нормируется. Работай где хочешь, как хочешь и сколько хочешь. Главное — **результат и соблюдение графика сдачи проекта**. Ответственность лежит на всей команде. В противном случае теряются вначале деньги, а потом и работа.

Принцип либерального управления побеждает не только в производстве, но и в продаже продукта. Индивидуальность учитывается и в работе с клиентами. Например, ZARA, а потом и H&M подняли продажи, стимулируя клиентов — молодежь — с помощью создания идеальных условий для селфи в зале и в примерочных. Главные потребители ZARA и H&M — молодые девушки с невысоким доходом. Обе компании решили проблему притока денежных средств при сжатии платежеспособного спроса, изучив стиль жизни этой части потребителей. Оказалось, что они увлекаются селфи. И тогда примерочные и залы переделали так, чтобы фотографии получались красивыми: много специального света и зеркал. В результате компании прирастили прибыль в кризисные годы, когда вся индустрия массовой стандартной розницы терпела убытки.

Главное правило: не растворять потребителя в статистических данных, а учитывать его индивидуальные увлечения.

Все перечисленное — мировой тренд. А что в России? Герман Греф старается ввести новые принципы управления в Сбербанке, но на Олимпе он один. А что делать традиционным компаниям? Не суетиться, изучать и постепенно внедрять элементы аджайл, делая процесс производства и управления гибким и мобильным.

Выход только один для всех: элементы будущего внедрять в настоящем. А прошлое — забыть, вынеся оттуда универсальные базовые знания.

Выводы

1. Э. И. можно капитализировать и получить Э. К.
2. Э. К. — умение снимать конфликты в социуме и соединять интересы, выстраивать команды и зарабатывать. В социальной сфере Э. К. приносит легкость бытия, в бизнесе — доходы.
3. Э. К. в бизнесе реализуется через управленческие модели. Чем модель гибче и адекватнее современному рынку и менталитету цифрового поколения, тем эффективнее приносит прибыль.
4. Кто решил остаться в прошлом, потеряет все. Кто слишком спешит, тоже теряет все. Держим баланс и двигаемся, не стоим на месте. Здесь и сейчас и с прицелом на шаг вперед.

Перерыв, отдыхаем!

Отступление №4

Гордость и пренебрежение

Ей повезло в жизни во всем. Длинноногая красавица из хорошего, обустроенного детства. Окончила МГУ, престижный экономический факультет, и к 26 годам защитила диссертацию. Пройдя стажировку в Йельском университете и получив MBA в Лондонской школе экономики, успешно устроилась в английскую фирму с отделением в России. И в институте, и за границей было полно замечательных интрижек, но она особо не заморачивалась, так как брак ее не привлекал. Тренд рано выскакивать замуж среди яппи-девушек давно прошел. Она работала, занималась спортом, следила за фигурой и, естественно, увлекалась современным искусством. С этой целью подтянула французский и начала учить итальянский. Получалось весело, легко, в окружении продвинутых друзей, с шатанием по всему миру. Судьба выложила красную дорожку, и ей оставалось только пройти по ней, правильно подобрав туфли и костюм.

Ее родители продолжали работать. Мать — врач и отец — заслуженный ученый все время были заняты. Ее воспитывали бабушка с дедушкой, которые после того, как она выросла, уехали из города жить на дачу. А чтобы как-то поддерживать огромную квартиру, родители приютили невесть откуда-то взявшуюся девушку из Мордовии, сироту, страшненькую, маленькую, со стертым лицом и кривыми ножками. Зато с хозяйством она справлялась отменно и была счастлива занимать маленькую комнатку в конце коридора в квартире в сталинском доме на Тверской. Звали ее Клава. Клаву никто в доме не замечал, но позови, и она всегда оказывалась под рукой.

Наконец наша героиня остепенилась и вышла замуж, причем по большой взаимной любви и очень удачно. Как говаривали в прошлом, «сделала партию». Сын дипломатов, куча языков, юрист, международный консалтинг. Ровесник. Обоим по 30. Обе семьи в качестве подарка на свадьбу купили им роскошную квартиру в центре Москвы, где они и зажили счастливо. Вскоре родился ребенок. Наша героиня (назовем ее Татьяной) даже не почувствовала особых перемен в жизни: няни, командировки, обеды у родителей, в субботу и воскресенье ребенок на даче у бабушки с дедушкой. Муж тоже крутился. Они вскакивали по будильнику, пили кофе и мчались в свои корпорации. Совместный отдых всегда в большой компании таких же благоустроенных молодых людей. Все развивалось отлично. В бодром темпе, под руку с супругом, статным и образованным, они прошли пять лет совместной жизни. Конечно, бывали досадные мелочи: он приезжает из командировки, а холодильник пуст. Она в этот момент рассказывает об успешной сделке, а он устало предлагает пойти в кафе. Там она продолжает что-то говорить, а он явно не слушает. Она покупает новую белую мягкую мебель — мебель ее мечты, а он говорит, что предыдущая была уютней. Они идут в Большой на премьеру, а он засыпает. Но она понимала, что это стандартный ход супружеской жизни, и отмахивалась от мелочей как от надоедливых комаров. В 35 уже ясно, что романтика живет год, влюбленность — два, а дальше семейный поезд идет своим ходом, главное — проложить рельсы. И она умела их прокладывать: организовывала досуг, отпуска, встречи с родителями, дружеские вечеринки и строго следила за его гардеробом. Но всего не предусмотришь.

Уехали в Венецию втроем с малышкой, дочка, как всегда не вовремя, заболела, а ее, как всегда не вовремя, срочно вызвали на работу. Гостиница, билеты на биеннале — все было выкуплено на десять дней. А ей всего-то нужно было вырваться дня на три, и оставалась еще неделя совместного отдыха. Московская няня укатила на родину в город Ригу и на звонки не отвечала. И тут спасительная мысль: «Клава!» Она позвонила родителям: «У Клавы есть иностранный паспорт и виза?» — «Да, мы ее возили в Болгарию на отдых, чтобы и море увидела, и помогала, ну и витамины». — «Какие еще витамины?»

Дальше пауза и, откашлявшись, мама сказала: «Понимаешь, Клава беременна». — «От кого?» — «Не знаем». — «Но отец объявился?» — «Нет». — «Вы с ума сошли?» — «Нет! Но мы не можем ее выгнать. Ребенку нужны витамины».

Пораженная новостью, Татьяна присела на стул, но мозг ее работал как компьютер: есть задача, надо решить. «Сколько месяцев?» — «Четыре». — «Хорошо. Справится. Срочно сюда. Мне она нужна на три дня».

Татьяна умчалась, а кривоногая беременная Клава приехала в Венецию. Татьяна закрутилась на всю неделю и вернулась только за три дня до отъезда. Посадив Клаву на самолет, она, уставшая, ехала в такси и улыбалась, думая о том, что всетаки все успела: дочь выздоровела, деньги не пропали, муж отдохнул, и она сейчас еще три дня побудет в семейно-культурном контексте.

Поднявшись в номер, мужа она не обнаружила. Он пришел поздно вечером, когда Татьяна уже крепко спала. Оставшиеся дни они провели на удивление скучно. Муж гулял с дочерью, задумчиво ел в ресторанах и почти ничего не рассказывал о биеннале. «Устал», — подумала она и отмахнулась от очередного комара.

Они вернулись в Москву. Все пошло своим чередом. Как-то, мотаясь по делам фирмы, она вдруг поняла, что если сейчас не поест, то просто умрет от голода. Остановила водителя и забежала в ближайшую «Патио-пиццу». Влетела, и тут же взгляд уперся в две спины: мужа и Клавы. Они ее не видели. Клава, уже совсем круглая, а от этого еще более смешная, грустно кивала головой, а муж, явно расстроенный, что-то ей объяснял.

Татьяну прошиб пот, она резко развернулась и пошла в машину. «Домой», — сказала водителю. Выкурила три сигареты подряд, уговаривая себя, что была свидетелем какой-то рабочей встречи. Но по какому поводу? И она закурила четвертую.

Придя домой, впервые приготовила ужин, уложила дочь спать, няню отправила в кино и стала ждать. Через час он пришел. Она собиралась его кормить, развлекать, а потом невзначай спросить. Но ее затрясло, и только он вошел, она с порога задала вопрос: «Что у тебя с этой… Клавой? Я вас видела в кафе».

Она надеялась, что он все объяснит и они продолжат путь по красной дорожке. Но ответ разрушил все: рельсы, дорожки и сам поезд полетели под откос. Охватило желание разбиться, умереть, все что угодно, но не слышать ответ. «Я давно хотел тебе признаться. Я люблю тебя и хочу с тобой остаться, но там, в Венеции, мы с Клавой, ну ты понимаешь… Я сегодня решил ей все объяснить, что с моей стороны это была глупая случайность».

Татьяна представила в этот момент себя и Клаву: красавицу, успешную бизнес-леди, кандидата экономических наук, и кривоногую приземистую уборщицу из Мордовии. Господи, ладно бы кто-то круче, красивее, умнее. Но это! У нее остались силы сказать только одно: «Вон! Вон за дверь с вещами».

И он ушел. И не вернулся. Женился на Клаве, она родила своего ребенка, потом общего. Они уже давно живут вместе. Он счастлив, помог Татьяне вырастить их дочь, оплатил учебу за границей, купил ей квартиру, устроил на работу. Татьяна замуж не вышла. Многие удивленно спрашивали: «Почему?» Ответ был всегда один: «Я не понимаю мужчин».

Глава 5

Искусство — ключ в мир успешного бизнеса

...Ведь мысль — это прежде всего нечто такое, что можно увидеть.

Амели Нотомб. Петронилла

Если вы внимательно прочитали все предыдущие главы, то вам должно было броситься в глаза незримое или порой зримое присутствие в тексте темы искусства. «Муки преодоления собственных ограничений — это муки духовного роста. Искусство, литература, миф и религия являются инструментом, помогающими индивиду преодолеть свои ограничения и шагнуть в бесконечные сферы познания» (Джозеф Кэмпбелл «Тысячеликий герой»[12]).

[12] Кэмпбелл Д. Тысячеликий герой. — СПб.: Питер, 2018.

Искусство помогает слепцам читать, а глухим слышать (перефразированное мною высказывание поэта аль-Мутанабби). Фактически эта книга преследует ту же цель — помочь снять все ограничения, накопленные жизненным опытом, и вскрыть новые возможности, что и называется модным словом «лайфхак». А затем благодаря вновь обретенным способностям найти для себя еще более успешный способ самореализации и зарабатывания денег.

В отношении к искусству я прошла в своей жизни несколько этапов. Будучи замкнутым подростком, с удовольствием убегала в жизнь литературных героев. Мне не нравился мир вокруг меня, и я погружалась в образы Льва Толстого, Чехова, Достоевского, Ремарка, Драйзера, Камю. Перечитала всю библиотеку зарубежной фантастики. Студенткой увлеклась постмодернистской и философской литературой и поэзией Серебряного века. В отсутствие интернета и в присутствии железного занавеса в СССР я выбрала то, до чего могла дотянуться. Литература спасала меня от всех душевных бед и открывала Большой мир.

Затем началась научная деятельность, и это заставило меня перемолоть кучу трудов по экономике. Все это время искусство продолжало волновать меня и маячило где-то рядом. Литература дарила часы вдохновения перед отходом ко сну. Но в конечном счете, защитив диссертацию и получив должность, а затем звание доцента, я забросила чтение и в 1990-е пошла зарабатывать деньги на рынке, став кооператором. Это было круто, но отнимало столько сил, что стало не до книг. Зато появилось кино, и я пересмотрела классиков итальянского неореализма: Висконти, Бертолуччи, Феллини, открыла для себя Фрэнсиса Копполу, изучала мир Андрея Тарковского. Однако искусство и работа по-прежнему жили в разных комнатах моего сознания.

Решительно ворвавшись в политику, я столкнулась с миром абсолютно неизвестным, где пришлось набирать столько новых навыков, что искусство ушло куда-то далеко, откуда я его урывками, случайно и ненадолго вызволяла и вновь мчалась дальше, к политическим высотам. Так продолжалось до 2002 года. Единственное, от чего я не отказалась полностью, — это художественная литература, которую я поглощала урывками в самолетах и в отпуске. И это помогало сберечь личность в мире бездушных политических интриг. Я продолжала читать с удивительным упорством — срабатывал инстинкт самосохранения…

После 2002 года, после «Норд-Оста», я вдруг поняла, что пусть и медленно, но политика в том виде, в каком она состоялась в России, для меня заканчивается. Предчувствие конца ощущалось фатально-неизбежным. И я обратилась к искусству: литературе, кинематографу, музыке, каллиграфии. Причем возврат произошел на более высоком уровне. Искусство и бизнес (дело) стали идти рука об руку, помогая и дополняя друг друга. Это позволило вскрыть такие резервы, что я взлетела там, где большинство падает. Лечение дочери, президентская кампания, уход из политики, написание книг, лекции. Все удалось благодаря привычке погружаться в художественные образы. Мир искусства распахнул дверь в портал, и я перешла в новую жизнь.

Сегодня современные компании, например в Японии и США, стали брать на позиции менеджеров по продажам, маркетологов и рекламщиков арт-специалистов или людей, увлекающихся искусством. Один мой знакомый, молодой успешный хирург-стоматолог, поглощает мифы и музыку в огромных количествах, и, по его словам, это, помимо прочего, помогло придумать для пациента такой тип операции, чтобы расслабить ему челюсть и шею, отчего впоследствии проходят даже боли в спине. При этом он дзен-буддист и исполняет рэп собственного сочинения, уже записал альбом. Я послушала: это круче и талантливее, чем у многих поп-звезд рэпа. При этом наш стоматолог не собирается бросать профессию. В США в свои 30 лет он уже вошел в десятку лучших. Оперирует и там, и в России.

Понятно, почему рынок прибылей и доходов потянулся к искусству. Искусственный интеллект напирает, и нужны творческие навыки поиска нестандартных решений.

Например, компания McGraw-Hill обучает сотрудников креативности с помощью специальных арт-программ, соединяющих искусство и бизнес в обучении лидерству в новых условиях. В Body Shop используются сеансы музыкотерапии.

Как-то я проводила мастер-класс «Дао лидерства» для совета директоров крупной добывающей компании в Петербурге. И выяснилось, что до этого они два дня провели в театрах и слушали лекции искусствоведов, беседовали с художниками, актерами, режиссерами. Оказывается, и я попала в этот список как специалист по «взрыванию мозга».

Но я прекрасно понимаю, что читатели хотят больше конкретики, чем общих рассуждений. Что же, попробуем разбить тему «искусство и бизнес» на «полезности».

Бизнес — искусство (связанные «полезности»)

Как мы уже знаем, в квантовом (связанном, быстротечно меняющемся) мире линейные зависимости начинают уступать место нелинейным.

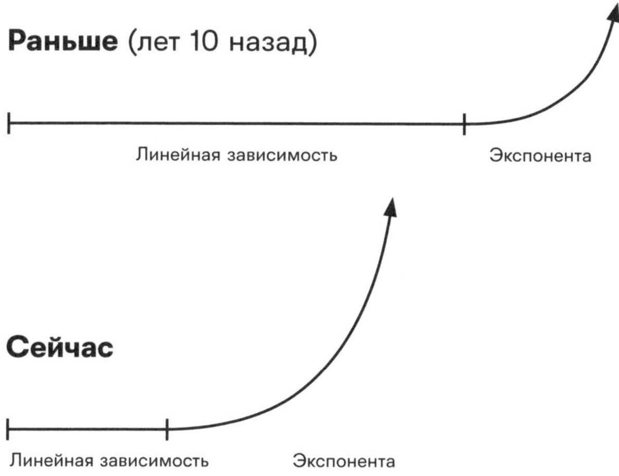

Десятилетиями ученые опытным путем перебирали линейные варианты и наконец приходили к открытию. Теперь, если объект оцифрован, компьютер проделывает эту работу за считаные секунды и выдает кучу промежуточных открытий. Остается только продавать. Как действовать, если ваш бизнес не подлежит оцифровыванию, но вы хотите быть такими же быстрыми?

Оказывается, замена происходит при наличии «вижн» (Вижн — имя вымышленного персонажа, робота-андроида из комиксов Marvel). В современном мире этот термин означает умение видеть **мир сложно связанным и вычислять будущие события**. Короче говоря, вижн — это видение будущего мира. Вы, я думаю, уже давно заметили, что писатели, режиссеры, художники, музыканты чувствуют мир более полно и, отображая персональный «вижн», предсказывают и войны, и новые изобретения, и способ бытия (пример: фильм «Пятый элемент»). И многое сбывается. Как научиться такому видению в бизнесе? Подключиться к искусству и привыкать мыслить художественными образами. Процесс не быстрый, но неуклонно ведущий к успеху. У меня на понимание этой связи ушло несколько лет. Искусство присутствовало в моей жизни с детства, но применять его практически я стала только в последние 15 лет. Метод очень прост: набравшись образов у авторов, вы учитесь образно мыслить. Такое мышление позволяет увидеть будущее. Вы сможете увидеть даже свою будущую деятельность, и к этому вас подтолкнет, например, эпизод из фильма. И не надо будет подходить к лектору с вопросом: «А какие виды бизнеса будут востребованы в будущем?»

Уйдя по собственному желанию в 2005 году из политики, я оказалась по другую сторону баррикад от своей прежней жизни. Образовалась пустота: без ТВ, прессы, парламента и всего-всего. Наступила тишина, и я окунулась с головой в китайскую каллиграфию, начав брать уроки у специалиста. Совершенствуясь, иногда по 20–30 раз писала один и то же иероглиф: то «Сила», то «Счастье». Постепенно, углубившись в процесс, полностью отошла от прежней суеты, и тогда родилась идея написать роман «Любовь вне игры, или История одного политического самоубийства». Книга пошла, как и все другие, последовавшие за ней. Погрузившись в написание книг, получила предложение читать лекции для людей с улицы. Согласилась, и понеслось… Как-то пришла домой после лекции «Лидерство в эпоху хаоса», и ночью что-то торкнуло: я начала рисовать черной тушью «хаос». Приятельница, художница, продвигающая свой проект Celebrity art, то есть искусство известных людей, Алла Решетникова, решила все выставить: и иероглифы, и картины хаоса. Неожиданно все работы раскупили. Я ни разу не художник, просто отображала свои ощущения, но потом Алла обнаружила совпадения моих графических изысканий с работами известных в мире художников. Это порадовало. Соприкосновение с живописью помогло читать лекции, как впрочем, помогли и кино, и музыка, и литература. А когда я рисовала хаос, меня посетила идея новой книги, которую вы держите сейчас в руках, — как за одну жизнь прожить много жизней.

Следующая «полезность» тесно связана с предыдущей. Коммуникация — путь к успеху. Если успех взять за 100%, то 85% принадлежит коммуникации, а 15% — профессионализму. Вот почему столько места в книге посвящено общению с внешним миром (эмоциональный капитал — «Я и Они»). Бизнес-коммуникация, имея четкий критерий — выгоду для обеих сторон, требует включения дара убеждения и избегания лишних конфликтов. Можно, конечно, убедить противоположную сторону «кулаками». Но не хочется. Сил тратится много, отношения держатся на страхе. В случае, когда вы смогли мирно убедить оппонента в своей правоте, он принимает вашу позицию внутренне — личностно. Ваша позиция становится его позицией. Такая стратегия обеспечивает более долгосрочное сотрудничество. Как добиться подобного результата? В переговорах использовать метафоры, образные примеры. Такой метод убеждения — живописный, окрашенный богатым языком — очень эффективен.

Пример: вы в качестве управляющего партнера хотите убедить совет директоров в необходимости полностью переформатировать бизнес в преддверии коллапса, который вы и чувствуете, и просчитали. Их много, вы один. Несмотря на профессиональные выкладки, они по инерции сопротивляются, но колеблются. Необходимо поднажать с помощью метафор. Язык мифов будет очень полезен, особенно древних. В моем примере подходит следующая подача. «В индуизме созидание всего сущего имеет триединство в лице: Брахма — Создатель, Вишну — Хранитель, Шива — Разрушитель. Все трое составляют единое целое. Со временем Хранитель стал посредником Создателя. Единство сократилось: Создатель — Разрушитель. Один без другого не существует. Господа, вы упираетесь в Хранителя и забыли о Разрушителе. Не взяв в друзья Вишну, мы потеряем и Брахму. Перемены ведут к новому успеху. Древние понимали законы созидания всего сущего, у них было время для раздумий. А у нас его уже нет!»

Ну как? Увидите, в качестве не главного, но дополнительного яркого аргумента сработает! У моего знакомого антикризисного менеджера получилось. Но я не предлагаю копировать мои примеры, вы найдете свои при условии, что ваш мозг оперирует художественными образами. Можно и проще. Вас спросил иностранец из ЕС или США, чем коррупция у него в стране отличается от коррупции в России. Вы начинаете долго рассуждать, используя «с одной стороны», с «другой стороны». А можно проще: «У вас коррупция — тараканы, которых можно вывести. Правда, они убегут в другое место. В России коррупция — воздух, которым все дышат. Поэтому тема непростая». Ваш собеседник тут же все поймет, мало того, заинтересуется вами в силу точности попадания образа в тему.

Как набраться метафор и приобрести навык легкого, непринужденного их использования? Помогает только качественная художественная литература, отечественная и зарубежная в очень хорошем переводе. Читая ее при каждом удобном случае (в самолете, в очереди, в машине, в метро и т. д.) или на ночь, хотя бы по 30 минут в день, вы накопите пассивный словарь образных конструкций. В первое время придется вставлять их в речь искусственно. Но через некоторое время количество перейдет в качество, и результат не заставит себя ждать. Сами удивитесь.

Мой муж обладает огромной эрудицией в области точных наук (окончил МАИ), истории и философии (хобби). Я увлекаюсь литературой и прекрасный рассказчик. Создалась асимметричная ситуация. Я что-то комментирую, он зажигается и впитывает. Он рассуждает, я засыпаю. Назрел семейный конфликт коммуникации. При очередном напряге я не выдержала и честно объявила: «Я не настолько увлечена историей и философией, чтобы ты мог удерживать мое внимание долго. Включи "вкусный" образный язык, прежде всего метафоры. Меня, как ребенка, нужно привлекать картинками». Он задумался, согласился и стал пробовать. Начал, хоть и редко, читать мои книги и развивать образный язык. И дело пошло. Теперь мне интересно его слушать, а как только мои глаза становятся вежливо пустыми, он усиленно приводит примеры, например, прибегая к мифам Древней Греции. И я просыпаюсь.

Наконец, еще одна «полезность», которая часто игнорируется, например, специалистами в области IT-бизнеса, и, как следствие, компании теряют клиентов. В ультрасовременном бизнесе появилась должность с модным названием «продАкт». Это человек, который анализирует рынок с целью изменить продукт компании. В IT-отрасли продукт изменяют по двум критериям:

- новые качества;
- легкость в использовании.

ПродАкт — не маркетолог. Его не заботит, как продать и дешевле произвести. Критерии более конкретны: улучшить продукт в обратной связи с потребителями.

ПродАкт передает выводы постановщику задач, последний описывает задачу программисту, а тот уже создает новое ПО и выдает новый продукт. Расплодили новые должности! Менеджеры уходят, а куча новых специалистов энергично заполняют модные компании. Но вернемся к примеру. ПродАкт использует технологии изучения массового спроса. Один-два раза попадает в точку и в дальнейшем присаживается на привычный анализ и ждет растущего успеха. А его нет. Компания изживает свой потенциал и тихо загибается, так как отработанные технологии перестают быть эффективными. Спрос стал очень мобильным, изменчивым, техника анализа, используемая в одном бизнесе, не работает в другом. Она перестала быть универсальной даже внутри одной отрасли. Специалист без воображения долбит и долбит тему, как дятел. Уже и червяков в дупле нет, а он долбит. Зарплата капает, и ладно.

Но если вы черпаете вдохновение в искусстве и это вошло в привычку, тогда творец заменяет «дятла». В первом случае вы губите компанию, неправильно меняя продукт, во втором случае продукт успешно модифицируется. В первом случае вы теряете работу, во втором карьерно взлетаете. Почему? Потому что искусство, развивая воображение, давая возможность познать архетипы, вызывает стремление изучать человеческую натуру и жизненные стили. Серая масса потребителя отходит для вас на задний план, а вместо нее появляется Человек. Вы изучаете Человека, его новые привычки и соблазны, желания и амбиции и проецируете все это на свой продукт. Чувственно-интуитивный анализ оказывается более точным, чем отработанная технология анализа рынка. И в этом качестве вы становитесь круче компьютера. Такой продАкт породит продукт, который взорвет рынок. Классический пример — компания H&M. Они, например, затеяли коллаборацию с дизайнерами ведущих мировых домов моды. Каждый сезон выбрасывается небольшая коллекция авторской дизайнерской одежды. Более радикальная, из недорогих тканей и за другие цены. Те, кто в курсе, занимают очереди, как за новыми айфонами. Зачем это делается? Ритейлер стандартной дешевой одежды просчитал, что потребитель, не обладая толстым кошельком, хочет выделиться шиком, например, от D&G, хотя бы изредка. Хотите? Пожалуйста, но ограниченно. Сделать подобное на постоянной основе — это другой продукт, для более дорогого сегмента рынка. Но добавить вишенку на торт — почему бы нет? Как результат, чудесный продукт приводит в магазин массу народа, что в ситуации падения платежеспособного спроса само по себе уже чудо. Я предсказала подобный тренд несколько лет назад и в книге «В предвкушении себя» назвала его **креативной «шикономией»** в производстве и потреблении.

Лайфхакинг и искусство

Лайфхак — это дословно «взлом жизни», то есть это приемы «взлома» окружающего бытия, позволяющие быстрее и проще достигать поставленных целей. Еще проще — способы оптимизации жизни, когда очевидное не срабатывает. Распространяться этот термин начал с 2006 года.

Я утверждаю, что вовлеченность в искусство — своего рода лайфхак. Почему?

Потому что искусство:

- дает отдохновение от стресса в бытовой суете, особенно большого города. Вы восстанавливаетесь быстрее и продуктивность на работе растет;
- снимает страх одиночества. Оно заполняет свободное время так интенсивно, что вам никто не нужен;
- привлекает к вам людей творческого ума или просто людей, находящихся на вашей волне. Ваш круг общения выходит на новые просторы, и вы можете проводить время интересно в любую погоду и при любых обстоятельствах. Тусоваться на выставке продуктивнее, чем в ресторане: и дешевле, и фигуру сохраните;
- экономит ваш бюджет. Книга, фильм, музыка несоизмеримо доступнее, чем путешествия, застолье, охота и т. д.;

- улучшает сон эффективнее, чем снотворное. Привыкание в этом случае грозит вам только повышением уровня культуры. Зато крепкий сон в течение шести-семи часов ускорит метаболизм и укрепит иммунитет;
- улучшает коммуникацию (см. выше);
- расширяет сознание и помогает поиску интуитивных решений (см. главы 1 и 2).

У меня все перечисленное реально работает. Ниже опишу, каким образом.

Мои лайфхакерские увлечения:

- художественная литература;
- кино;
- музыка.

Хотела бы заметить, что здесь речь не идет о процессе создания произведения, например, о моей каллиграфии или книгах. Мы обсуждаем тему потребления произведений искусства.

Для примера перечислю, как я «перетягиваю» на свою сторону искусство, чтобы оптимизировать жизнь с вышеперечисленными целями (лайфхакинг).

Люди делятся на визуалов, слухачей и интеллектуалов. Первые предпочитают смотреть, вторые слушать, третьи читать. Я всегда была слухачом и интеллектуалом. Постепенно, с вступлением в эпоху кино и фотографии как массового увлечения, стала визуалом.

В чем заключается суть подхода?

- Вид искусства должен захватывать вас полностью, отключая бытовые мысли. Вы сопереживаете, чувствуете и улетаете в другой мир. Фоновый подход исключен. Это не значит, что нельзя ничего «попроще» — видеть, читать, слушать в машине. Но погрузившись всерьез в самое близкое и органичное, вы действительно восстанавливаетесь эмоционально.
- Если поймали такой вид искусства, не стойте на месте. Копайте и копайте. Причем в поисках нового в этом направлении. Обменивайтесь с другими «фанатами» и обогащайте свою виртуальную библиотеку в таком функционале, чтобы в любой момент можно было «снять с полки» все, что нужно.
- Если ничто не уносит, а только развлекает, разберитесь для начала, кто вы — слухач, визуал или интеллектуал, и двигайтесь в этом направлении, пока не подберете ключик к своей душе. Все остальные, подвижные виды развлечений: караоке, танцы, спорт — прекрасные лайфхаки, но не решают фундаментальных проблем.
- Из перечисленного ближе всего к природе вселенной музыка, так как она «работает» на вибрационном уровне. Даже не слухач, а жесткий визуал, мой знакомый фотограф, может случайно попасть на определенную симфонию Прокофьева и улететь в ту же минуту. Он не любит современную музыку (кроме Юрия Антонова!), оперу и концерты в консерватории. Но что-то свое выберет и входит в полугипноз. Любимая музыка попадает напрямую в ваше подсознание и отключает надоевшую текучку.

На втором месте по доступности — кино. Режиссер с помощью множества инструментов помещает вас в машину времени и переносит в мир автора. Вы переключаетесь, мозг впитывает образы и на время забывает привычное.

На третьем месте — литература. Необходима длительная привычка к внутреннему погружению в текст. Мозг разбирает слова, предложения, в общем, работают и сознание, и подсознание. Зато качественная литература обогащает язык и позволяет унестись прочь от людей даже в ожидании отложенного рейса в аэропорту или, например, в метро.

И наконец, самое сложное — поэзия и изобразительное искусство. И то и другое требует большей подготовки. Поэзия — поскольку соединяет скрытую музыку и слово в единое целое. Живопись, как классическая, так и абстрактная, вскрывает душу не многим, даже среди тех, кто ходит по выставкам. А уж постмодернистская провокация многих просто бесит. Я люблю поэзию и живопись, например Иосифа Бродского и Герхарда Рихтера. В Берлине, попав на огромную выставку Рихтера, я унеслась, не замечая людей, без всякой подготовки. А стихотворение Бродского «С видом на море» — просто мой наркотик. Но! В бешеном темпе моей жизни ради восстановления я инстинктивно потянусь к чему-то попроще: к музыке, фильму или книге.

Для наглядности опишу свой опыт.

Музыка: я была и остаюсь человеком рок-музыки. Посетила самые выдающиеся концерты, причем, даже будучи депутатом, шла в фан-зону. Иначе рок слушать нельзя. В последние несколько лет увлекаюсь электронной музыкой. Подписалась на Apple Music и качаю все, что нравится. Что бы ни случилось — неприятности, бессонница, долгие перелеты и переезды — я надеваю наушники, и все, меня нет. Любимый рок настолько обширен, что не буду перечислять. Но это направление мне ближе на концертах или в клубах, так как я хорошо танцую рок-н-ролл. А вот для повседневности — электронная музыка. Исполнители меняются, поскольку я постоянно нахожу новых, все круче и круче (для меня). К примеру, это: «Urpillay — Lum», «Ride info Unknown — Bedouin», «Lost Found — Armen Miran», «Deluge — Jocelyn Pook» (не электронная, симфонический оркестр и живой голос) и т. д.

Кино: обожаю и интеллектуалов (Тарковский, Бертолуччи, Бергман, Висконти, Феллини, Линч, Сокуров), и провокаторов (братья Коэны, Тарантино, Гай Ричи). Люблю фэнтези, триллеры, драмы, мультики и умные сериалы. Не люблю хоррор и тупые боевики (хорошие люблю). Вообще-то я, будучи кинофриком, дома подключила все приставки, и хожу в кинотеатры. Очень впечатлил фильм «Манифесто» с Кейт Бланшетт. В нем феерически передается в игровой форме вся история изобразительного искусства и философии протеста. За полтора часа вы прочувствуете пульс XX века в ощущениях великих бунтарей-художников. От масштаба и глубины картины мне тихо снесло голову.

Литература: как вы поняли, литература — моя первая и вечная любовь. Чехов, Толстой, Бунин, Булгаков, Фицджеральд, Драйзер, Бальзак, Манн с детства и юности уносили меня в неизведанный мир. Позже я одолела литературу потока сознания (кроме Джойса), Музиля, Камю, Кафку и т. д. Использовала ночные часы, отпуск у моря, перелеты, поездки в метро, любые скучные мероприятия (прятала книги под бумагами и читала на тоскливых, длиннющих совещаниях и собраниях). Художественная литература помогла сохранить личность в политике, развить навыки публичных выступлений, уйти от тоски будничных тягот. В сумке, рюкзаке, рядом с кроватью всегда со мной волшебный «гаджет» перемещения в страсти и приключения героев. Прочитала Кадзуо Исигуро, и душа испытала наслаждение, сравнимое только с глотком воды в пустыне. Впечатлила книга Виктора Пелевина «iPhuck 10», и, впадая в культурологический шок от описания будущего, я кайфовала от сарказма и иронии в описании искусственного интеллекта.

Художественная литература забирает надолго. От нее не устаешь, поскольку читать можно частями, возвращаясь к излюбленным или сложным пассажам. В предвкушении книги весь день становится ожиданием прекрасного. Глаз, ухо могут перенасытиться, интеллект — никогда. С возрастом книги и читатель раскрываются навстречу друг другу. Можно через десять лет перечитать любимую книгу как абсолютно новую. Глубокая литература не нуждается в рекламе. Просто читайте. Не любите — начинайте с рассказов и новелл. Захотите — обретете.

Выводы

Вывод один — без гуманитаризации знаний и навыков ваша жизнь в эпоху интернета станет бедной и скучной. Бедной, так как без творческого воображения в эпоху IT-революции денег не заработаешь. Скучной, так как деловая среда и деловая коммуникация не дают душе отдохнуть, а нервам расслабиться.

Перерыв, отдыхаем!

Отступление №5

(Основано на реальных событиях плюс фантазия автора)

Избыточная красота

Симон был успешен, немолод, худощав и породист, как гончая на пенсии. Таких французов можно часто встретить на левом берегу Сены в небольших кафе, осененных памятью о знаменитых писателях и философах. Летом эти французы уезжают на побережье Ривьеры, а с осени становятся неотъемлемой чертой парижского богемного квартала. Всегда в пиджаке, для приличия слегка помятом, неброская рубашка от «Ральфа Лорена», ботинки ручной работы, шарф, контрастирующий с пастельными тонами одежды, и книга в руке. В чуть сутулой фигуре и в выражении лица сквозит безмятежный снобизм аристократа духа. Книга читается за барной стойкой любимого бистро, на терраске старенького кафе под лучами переходного осенне-зимнего солнца. Ощущение благородного проживания штиля после сильных и средних волнений душевного взросления. Кризис среднего возраста преодолен. Все жены и любовницы, от молодых дурочек до зрелых умниц и красавиц, позади. Взрослые дети напоминают о себе лишь в день рождения. Внутренний покой в сочетании с капиталом, вполне достойным, чтобы просто творить, не задумываясь о будущем, сохранили ясность взгляда, седую шевелюру, приличествующую знаменитому художнику, прекрасный сон и готовность умереть в любую минуту. Главное быстро.

Он переступил порог 60-летия и как-то резко, по-мужски, смирился с собственной самодостаточностью. В августе Симон сорвал успех в Ницце и, устав от светской шумихи, сбежал в маленькое кафе на набережной.

Бокал белого вина и двойной эспрессо вполне удовлетворяли его вкусам и желаниям на данный момент. Взгляд лениво скользил по незнакомцам, фланирующим вдоль моря. Ничто не могло поколебать его в стремлении окончательно довершить картину «Симон в объятиях скучной Дамы, читай, достойной, буржуазной, неспешной старости». Он кивнул самому себе в знак согласия — картина сложилась. Обернулся, чтобы позвать официанта, и увидел за соседним столиком чудо.

Оно в одиночестве читало книжку, судя по обложке французскую, прихлебывало молочный коктейль и ненавязчиво являло миру совершенную, ангельскую, неземную красоту. Среднего роста, прямая челка, соломенные волосы до плеч, тонкие запястья, завернута в тоненький летний костюмчик. Однако поражала не молодость, а другое: идеальное лицо, скулы, очертания подбородка, высокий лоб, аккуратный породистый нос и глаза. Она подняла голову от книги, и он утонул в этих глазах, чуть раскосых, зеленовато-голубых, словно море в них перемешали с небом. Господи! Что это! Биркин в молодости? «Пятый элемент»? Нет, совершеннее. Он влюбился в эту красоту беспощадно, в один миг, и, поглощенный юным образом, успел только понять, что прошлое, включая недавнюю картину, словно хрупкое зеркало, разбилось на мелкие осколки. И он шел по ним босыми ногами, не чувствуя ни боли, ни страха.

Он шел к ней. Он даже не понял, как оказался рядом, присев за столик на свободный стул.

— Кто ты? — спросил он без вступлений.

— Я из Красноярска, студентка, здесь на практике. Переводчик.

— Надолго?

— Завтра уезжаю.

— Останься со мною.

Глаза распахнулись, чудо доверчиво улыбнулось: хорошо. Она осталась. Не прошло и месяца, как они поженились. Он любил ее красоту, совершенную в каждом повороте головы и фигуры, утреннюю и ночную. Радостную и задумчивую. Любую, в любое время дня и ночи. Он водил ее по выставкам, прогуливал в лучших ресторанах Ривьеры и ночью писал портреты. Просыпался и часами смотрел на ангела, спящего совсем рядом, фантастически рядом.

Она полюбила его, что-то рассказывала о себе, о семье, о России, о своих увлечениях. Он вежливо кивал в ответ, но любовался, любовался до изнеможения. Конечно, они занимались любовью, но даже этот значительный для него акт, тем более в его возрасте, причем успешный, доставляющий удовольствие и радость обоим, его сильно не волновал. Все отступило на задний план перед наблюдением чудной, небывалой красоты девушки.

Прошел год, большую часть которого они прожили в Париже. Он почти забросил работу, благо продажи его картин шли хорошо. Портретами заставил всю студию, но делиться ими с публикой не хотелось. Художник погрузился в ее красоту, не думая об их будущем, позабыв прошлое. Здесь и сейчас. Каждую секунду он упивался идеальной красотой и ухаживал за ней, обогревая восторженной чувственностью влюбленного. Ему стало легко и счастливо. Только одна мысль свербила душу. Как-то он признался ей: «Мне обидно, что настанет момент, и ты, такая прекрасная, будешь вынуждена ухаживать за моим беспомощным телом. Я хотел бы умереть от счастья, а не от старости». Она улыбалась и обнимала его крепче, что-то ласково шепча в подушку.

Вдруг у нее начались головные боли, таблетки не помогали. Сделали МРТ и обнаружили опухоль. Художник поднял на ноги лучших специалистов, обзвонил знакомых по всему миру. Наконец, сделали операцию. Фактически он переселился в больницу. Гладил по руке своего ангела, забинтованного от шеи до макушки, словно мумия. Устал до смерти и через месяц, сломавшись, уехал домой, хоть на минуту почувствовать воздух жилья, а не дистиллированной смеси лекарств и антисептиков.

Утром раздался звонок доктора: «Мы вас поздравляем, операция прошла успешно. Девушка говорит, мыслительный процесс в норме. Можно снять бинты и даже начать прогулки».

Радостный, он купил роскошные цветы и примчался в палату. Открыл дверь и чуть не рухнул. На него смотрело чудовище: ангел остался в правой стороне лица, а левая, с полуоткрытым глазом, сведенная судорогой, застыла в вечной гримасе. Он, от испуга, вышел из палаты. Присел на стул, цветы упали на пол. Казалось, сердце остановилось. Он страстно захотел остановить его навсегда, даже попытался не дышать… Потом взял себя в руки, поднял цветы, натянул улыбку и вошел в палату.

Они стали жить, сообразуясь с новым лицом. Выходили вечером, ели дома, он подбирал ей глубокие шляпы и шарфы на шею. Она даже смогла со временем смириться с катастрофой. Нашла работу на дому, с клиентами встречался он, подписывал контракты. Девушка занялась переводами. Она любила его, а он любил ее, понимая, что забрал эту избыточную красоту своими избыточными чувствами. Честно пытался еще больше служить ей, а ночью, когда она засыпала, он шел в студию, смотрел на портреты и тихо плакал, понимая, что ему конец и держится он только на огромном чувстве вины и попытке вернуть долг той, красоту которой жадно перетащил в свои портреты, ничего, ни капли не оставив живому объекту восхищения.

Потом, через год, все вернулось. Опять тяжелое лечение, изматывающее обоих, без веры в будущее. Она, слабая, лежала дома, беспомощная, обессиленная. А он истово ухаживал за ней. В последнюю ночь он вышел опять в студию, посидеть с ней, прежней, смотрящей с тысячи полотен. А когда вернулся, понял, что она умерла. Сердце ангела остановилось. Он в ступоре смотрел на изуродованное лицо, меняющееся на глазах. По мере того, как жизнь уходила из тела, менялось лицо. Когда скорая помощь приехала констатировать смерть, на кровати уже лежала прежняя девушка — ангел невиданной красоты.

Заключение
Вне времени

Книга «Рестарт» имеет для меня особое значение.

Захотелось поделиться новым состоянием, достигнутым в результате переживаний последних трех-четырех лет. Возникло огромное желание «быть» каждую минуту в любое время и быть при этом вне времени. Объединить «во времени» и «вне времени», что и определяет целостность личности. Желание понятное. События меняются с невероятной быстротой, негатив льется из «ящика» потоком, люди нервничают, проблемы нарастают. Захотелось подняться над утомительной суетой и при этом эффективно и оперативно выкручиваться. Стать целостным (не однородным) и назло тренду счастливым. Я начала собирать личность заново. И, как это ни удивительно, получилось. Теперь, например, я знаю ответ на вопрос, как наладить диалог с новым поколением, включая детей. Просто надо стать целостным: находиться в данную минуту в диалоге с молодежью, но при этом постоянно чувствовать меняющийся мир, быть вне поколений. Течь как река: каждую минуту вода здесь и уже не здесь. Состояние прекрасное и сдержанно-расслабленное, без суеты сконцентрированное. Мне кажется, что подобный путь доступен каждому, лишь бы очень захотелось. Целостность — стиль или способ осмысления и освоения жизненного пространства в целом, а не только исходя из своего привычного «эго», позволяющий выбираться из ям, преодолевать карьерные дистанции, выигрывать и проигрывать без жутких последствий. Короче говоря, жизнь с трагической маской сменяется на движение парусника по волнам перемен. Буря — сложили паруса и заранее уходим в «марину» или прячемся в заливе. Подхватили ветер, море благоприятствует — помчались дальше. И ловим, ловим ветер, изучаем будущее по мелким, почти неуловимым признакам и непрестанно меняемся, удерживая большую Историю и большое Неизведанное в поле зрения.

Это очень интересная задачка или даже главный смысл жизни. Жизнь в познании становится сама по себе и процессом, и целью. И тогда время исчезает, появляется бесконечный интерес к себе и миру вне ограничений.

Книга, которую вы одолели, посвящена единственной цели: помочь людям, особенно «приземленным», продвинуться в понимании целостности личности и обрести наконец ощущение безграничности себя во времени и пространстве.

Именно так и выстроены главы:

1. Интуиция — дает новые способы принятия решений в тренде непредсказуемости, особенно если вы идете к началу новой жизни.

2. Рестарт — способы начать жизнь сначала, родившись заново.

3. Эмоциональный интеллект — как развернуть эмоции на пользу себе и облегчить рестарт.

4. Я и Они — как установить связь со множеством людей в новой жизни.

5. Искусство — как проникнуть в зазеркалье и менять жизнь в удовольствие.

А все отступления — моя попытка погрузить вас в воображение автора и сменить ритм: от рабочего к расслабленному. Так и осуществляются новые жизни.

Прочитав книгу раз, вы будете не единожды к ней возвращаться. Не страшно. С одного раза только дети получаются, и то не всегда. Пробуйте, и у вас все поменяется к лучшему. Ну, как у меня, а лучше — еще КРУЧЕ!

Вдруг книга оказалась слишком сложной? Не паникуйте, наберитесь терпения и тоже усложняйтесь!

Обратная связь со мной

irina_hakamada
irina@hakamada.ru
www.hakamada.ru

Библиография

Далай-лама. Путь истинного лидера. — М.: Альпина Бизнес Букс, 2012.

Капра Ф. Дао физики. — СПб.: Орис, Яна-принт, 1994.

Курпатов А. Красная таблетка. — М.: Капитал, 2018.

Кэмпбелл Д. Тысячеликий герой. — СПб.: Питер, 2018.

Лири Т. История будущего. — М.: Янус, 2001.

Ницше Ф. Веселая наука. — СПб.: Азбука, 2015.

Нотомб А. Счастливая ностальгия. Петронилла. — СПб.: Азбука, 2015.

Талеб Н. Антихрупкость: Как извлечь выгоду из хаоса. — М.: Колибри, 2016.

Тоффлер Э. Третья волна. — М.: АСТ, 2004.

Уилсон Р. Психология эволюции. — М.: Янус, 1998.

Фромм Э. Душа человека. — М.: АСТ, 2009.

Фромм Э. Кризис психоанализа. Дзэн-буддизм и психоанализ. — М.: Айрис-Пресс, 2004.

Хакамада Ирина

РЕСТАРТ

Как прожить много жизней

Главный редактор *С. Турко*
Руководитель проекта *А. Деркач*
Корректоры *Е. Чудинова, Е. Аксёнова*
Компьютерная верстка *К. Свищёв*
Художественное оформление и макет *Ю. Буга*
Фотографии на обложке *Д. Булавина*
Расшифровка текстов *Н. Шамова*

Подписано в печать 16.03.2023.
Формат 70 × 90 1/16.
Бумага офсетная № 1. Печать офсетная.
Объем 12,0 печ. л. Тираж 5000 экз. Заказ № 2444.

ООО «Альпина Паблишер»
123060, Москва, а/я 28
Тел. +7 (495) 980-53-54
e-mail: info@alpina.ru
www.alpina.ru

ООО «Альпина Паблишер», 115093, г. Москва,
вн. тер. г. муниципальный округ Замоскворечье,
ул. Щипок, д. 18, ком. 1; ОГРН 1027739552136

Отпечатано с готовых файлов заказчика
в АО «Первая Образцовая типография»,
филиал «УЛЬЯНОВСКИЙ ДОМ ПЕЧАТИ»
432980, Россия, г. Ульяновск, ул. Гончарова, 14

Знак информационной продукции
(Федеральный закон №436-ФЗ от 29.12.2010 г.)

Для заметок

Для заметок

Для заметок